儿童阅读教育公益机构"担当者行动"
橡果书院儿童阅读师资培养配套用书

儿童读写三十讲

魏智渊 ——

著

长江出版传媒 长江文艺出版社

图书在版编目（CIP）数据

儿童读写三十讲 / 魏智渊著. --武汉：长江文艺
出版社，2022.4（2025.7 重印）
　　（大教育书系）
　　ISBN 978-7-5702-2489-0

　　Ⅰ. ①儿… Ⅱ. ①魏… Ⅲ. ①阅读课－教学研究－小
学 Ⅳ. ①G623.232

中国版本图书馆 CIP 数据核字(2022)第 023328 号

儿童读写三十讲
ERTONG DUXIE SANSHI JIANG

责任编辑：施柳柳　　　　　　　　　责任校对：程华清
封面设计：天行健设计　　　　　　　责任印制：邱　莉　韩　燕

出版：长江出版传媒　长江文艺出版社
地址：武汉市雄楚大街 268 号　　　　邮编：430070
发行：长江文艺出版社
http://www.cjlap.com
印刷：湖北恒泰印务有限公司

开本：710 毫米×970 毫米　　　1/16　　　印张：14.375
版次：2022 年 4 月第 1 版　　　　2025 年 7 月第 14 次印刷
字数：215 千字

定价：46.00 元

目　录

序言：核心素养背景下的儿童阅读

儿童阅读的重要性，至少在小学阶段，现在早已经达成了共识。无论是学校、家庭还是社会，都不会反对，甚至相当强烈地支持加强阅读。

但是，怎么抓阅读？却千姿百态。

形式上讲，开阅读课？办阅读节？做阅读课程？举行阅读活动？

内容上讲，是读经典名著？是背诵？是写读后感？是摘抄好词好句？是写故事梗概？

无论怎么抓，最后的结果大同小异，就是阅读往往沦为形式，甚至沦为政绩工程，雷声大，雨点小。为什么？因为抓阅读时，有两个致命的问题不容易想清楚。一个问题，是阅读到底应该怎么抓？一个问题，是怎么处理阅读和考试的关系。不知道怎么抓，导致了少慢差费，没有处理好与考试的关系，导致了阅读流于形式。因为成绩不好，方方面面都交代不了。

今天我试图回答这两个问题。

什么是阅读能力？

1

在讲"核心素养背景下的儿童阅读"时，我们首先要明确"核心素养"这个概念。通常，我们认为，核心素养，指的是学生应具备的，能够适应终身发展和社会发展需要的必备品格和关键能力。

核心素养无论说得多么天花乱坠，根本处，仍然是德智体美劳，或者更直接地说，是对德智体这三大领域在新时代的要求的表达。高尚的道德、深刻的智力、强健的身体，是超越一切时代的核心素养。道德的风格化、智力的风格化、身体的风格化，都表现为美。美不是并列的，美是德智体发展的顶点。而劳动，则更多的是手段。

那为什么不说德智体，仍然要说核心素养？主要是时代变了，德智体的内容，也在演进。比如，封建社会，更重视私德，你要孝顺，要忠诚；而今天的社会，更重视公德，你要遵守游戏规则。因为过去的道德更强调伦理，强调等级顺序，而现在的道德更强调规则，强调平等的社会交往。同样地，过去更看重知识，所以强调背诵，现在则淡化记忆，更强调能力。哪怕是数学，过去也更强调算术，强调计算能力，现在则更强调概念与统计，强调数学建模，强调解决问题的能力。过去强调身体的时候，更强调健壮，现在强调身体的时候，更强调健康，以协调为美。

如果我们把身体素养先放在一边，作为另外一个重要的单独项目，聚焦于德与智，或者说道德人格发展与智力发展的时候，那么，小学阶段最重要的核心素养应该是什么？

答案是：自尊水平与阅读能力。在道德人格发展方面，除了自尊水平，什么最重要？是习惯培养；在智力发展方面，除了阅读能力，什么最重要？是写作能力和口语表达能力。数学能力，甚至还没有放进去，因为数理逻辑能力，在小学高段才真正地有可能得到发展。这是小学的特点。

2

那么，什么是"阅读能力"呢？它与智力有什么关系？

智力是一个没有明确结论的概念，加德纳提出了很有影响力的多元智能理论，这是对智力影响最大的一个解释。尽管这里列出了八大多元智能，但事实上，真正的核心的智能，仍然是语言智能和数理逻辑智能，这是学校智力发展事实上的核心。而在小学阶段，核心是语言智能，数理逻辑智能处于浪漫期，在中学阶段，核心在朝数理逻辑智能转移。

通俗地讲，年龄越小，语言学习越重要；年龄越大，数理化学习越重要。

所以，当我们在小学讲到智力的时候，核心就是指语言智能。语言智能，在小学主要表现为读写能力，尤其是阅读能力。因为写作能力和表达能力的黄金期，是在小学高段和初中阶段。

那么，一提到阅读能力，我们立刻想到的是哪些内容呢？语文老师可能会想到语文要素，或者认读能力、理解能力、鉴赏与评价能力等。

对于阅读能力来说，毫无疑问，理解能力是核心，理解能力包含了预测、提问、复述、想象等一系列的阅读策略，以及根据上下文理解关键语句，概括中心思想与观点，体会思想感情等核心能力，以及对常见文体和表达方式的理解与掌握。理解能力，以认读能力为前提，包括识字、词语积累、快速阅读能力等。理解能力的高级阶段，是鉴赏评价以及运用能力，包括判断、比较、评价、审美、鉴赏、批判等能力。

小学的语文教材，尤其是统编本教材，正是按照这个逻辑来编排的。在小学低段，是以认读能力为核心的；小学中高段，是以理解能力为核心的；初中阶段，是以理解能力和评价鉴赏能力为核心的。

然而，长期以来，语文教学少慢差费是公认的。学生到了中学阶段乃至于大学，读写能力是非常差的，有许多学生甚至错别字满篇，这是什么原因导致的？连清华大学，也不得不在本科阶段开设写作课，以提升学生的写作能力。

如果这个问题还嫌大的话，那么，我们可以把问题变小：在小学阶段，为什么总有一批学生，记不住字词，默写的时候错误连连？

3

原因很简单，因为我们误解了语言学习的规律，更误解了认知规律。

在认知上，或者说在学习理论上，有两条根本的规律，要予以特别的注意：

1. 认识源于整体，是从"整体—部分—整体"的不断循环，是一个螺旋式上升的过程，这是黑格尔的观点，教育家怀特海把它转化为一组概念，叫"浪漫—精确—综合"。

2. 认识有两种路径和形态，一种是无意识学习，形成的是隐性知识，也称默会知识；一种是有意识的学习，形成的是显性知识。

怎么理解第一条规律呢？

我们认识一个事物，一个词语，或者一个人，总是从整体开始的。举个例子，在座的绝大多数同行是第一次见到我，当你看到我的时候，是先看到我整个人，还是先看到我的一部分？例如，先看到我头发，再看到我额头和眼睛，然后是嘴巴和脖子，一直到脚，最终，再组装成一个人。

再例如——

研表究明

汉字的序顺并不定一能影阅响读

比如当你看完这句话后

仔味细回一下

才发这现话段里的字全是都乱的

电脑阅读和人类阅读的区别在哪里？在于电脑阅读，是一个字一个字读出来的，然后组装成句子，文章，人在听的时候，自己会使这些零散的字词变得有意义。但人在读的时候，每读出一个词，都受到了整个语境的影响，哪怕你是第一次读。比如，你可以读："我们一致同意一点钟开会。"在这个句子中，"一"的发音，受到了后面字的平仄的影响，从而发生了音变，这在电脑阅读是不可想象的，当然，电脑智能化以后，是另一回事情了。

这意味着什么呢？

所有的认识，都是基于整体，基于背景的。如果没有背景，你根本看不到墙上的黑点或白点。因为墙上的黑点或白点，是以整体背景色的存在作为前提的。

那么，我们再思考一个问题：儿童是先学会阅读，还是先学会识字的？

我们发现，儿童早在识字之前很久，就学会阅读了。因为阅读的本质是输入，当儿童在听故事，听妈妈讲话的时候，就是在阅读。儿童生下来为什么不能说话？为什么要在一岁多才能够勉强说出字词？这一年多在做什么？这一年多，就是在听，在阅读。如果一个孩子在生下来一年多的时间里，没有人跟他说一句话，例如父母是聋哑人，那么，当儿童长到了一定的年龄，比如要上幼儿园了，儿童可能彻底丧失语言能力，成了狼孩，为什么？他明明会发音，为什么学不会识字？因为他丧失了语言背景。

这样的话，我们就可以得出一个结论：

儿童接受的语言的丰富程度，直接影响儿童的智力发展。

我们前面讲了，早期智力发展，语言发展是核心。早期智力主要表现为阅读能力，或者至少是首先表现为阅读能力。

4

我们会发现，富裕家庭的儿童，与贫困家庭的儿童，城市家庭的儿童，与农村家庭的儿童，高知家庭的儿童，与普通家庭的儿童，在智力和学习水平上，表现出较大的差异。

这种差异是如何形成的？

通常我们会归结为天赋，实际上不是，实际情况是，出生在乡村和出生在城市，先天的天赋差别并不大，主要的差异，在于后天的养育环境。富裕家庭、城市家庭、高知家庭的孩子，从生下来的那一天开始，他们所面临的语言环境，就要比贫困家庭、农村家庭以及普通家庭的孩子丰富得多。

语言环境直接影响了智力，导致语言环境贫瘠的儿童学习变得困难。

现在回到刚才的话题：为什么在小学阶段，有些儿童，记不住字词，背不下课文，默写不了诗词呢？根本的原因，不是这些儿童不努力，不努力只是屡次失败以后的结果，而往往不是原初的原因。

说到这里，我还要说一句，这个世界上，并不存在抽象的记忆力。因此，机构或辅导班里的记忆力训练，基本上都是智商税。

我以我自己为例，我从小到大，在语文方面的记忆力超常。无论是课文，还是诗词，基本上读几遍，就能背下来了。到大学时，甚至专门挑类似《离骚》这样的长文来背诵。教书的时候，教高中语文，基本上备完课后，课文就可以大段大段地背诵，而且不是刻意的。

但是，我是中师生，中师是不学外语的。中师毕业后，我想要自学外语，花了两年时间，最终放弃了，因为记不住单词，就像现在的儿童记不住生字一样。

等我女儿初中的时候，我已经知道了语言学原理。所以，她在中学阶段，背外语很快。电影台词，演讲，读几遍就能背了。

为什么我在中文方面记忆力很强，外语方面的记忆力就非常差，而我女儿，在外语方面的记忆力又非常强呢？都是因为有大量的语言输入作为背景。

结论是什么？

是一切语言学习，都是以输入量为前提的。儿童记不住词语，不会阅读和写作，是因为阅读量不够，要补的不是教材中的知识或考试题目，而是阅读。这话听着可能觉得非常耳熟……没错，这是苏霍姆林斯基说的。大家看我的介绍，我写过一本书，叫《苏霍姆林斯基教育学》，是苏霍姆林斯基的研究者。

换句话说，小学阶段阅读量不够，不只影响儿童的语言发展，而且影响儿童的智力发展，进而影响儿童的语数外和数理化的学习。

所以，小学有两件头等大事：一是保护儿童的自尊心，二是培养儿童的阅读能力。

小学阶段阅读能力培养的关键

1

我们再来思考一个问题：为什么小学阶段的语文教学，乃至于小学和中学阶段的全部语文教学，往往是少慢差费的？

答案很简单，因为我们并没有遵照语言学习的规律在设计课程。

我们可以把从小学到高中的全部学习内容，归为三类学习：一类是工具类知识的学习，主要是语数外，其中语文和外语，是语言类学习。一类是知识类学习，主要是文综和理综的学习，对象是有关人类世界和自然世界的知识。一类是技能学习，主要是艺术和体育。这是三种完全不同类型的学习，遵循着完全不同的路径。

语文和外语是语言类学习，在语言学习中，输入量是处于优先位置的。对数学来说，是训练量。也就是说，语文和外语的学习质量，首先不取决于上课质量，而取决于输入的数量和质量。在小学阶段，取决于输入的数量，在中学阶段，取决于输入的质量。如果输入量不够，就是每节课都达到名师级别，发展水平也仍然不高。

文综和理综是知识学习，知识学习关键需要经验背景，因此两套大纲的思想，对文综学习和理综学习非常有效。差别在于，文科更重视研究与审辨，理科更重视实验与动手操作。

而艺术和体育是技能类学习，阅读对这类学习意义不大，考试更是意义不大。这类学习的关键是训练，一万小时理论和刻意练习理论，最适合技能类学习。

换句话说，做题无法有效地提升语文和外语水平，谁要是在小学阶段，以做题的方式来学习语文和外语，就是在浪费学生的时间。做题对数理化，才是真正高效的。

为什么早期应该重视语文和外语的学习？因为语文和外语是工具，必须先行学习。书都读不了，就谈不上汲取知识。另外，如果早期语文和英语很差，到了中学，很难补上。因为输入量无法补，这需要时间，而且还错过了敏感期（外语与智商）。

2

我们刚才讲到了学习的规律，是从整体到部分再到整体的，用怀特海的话来说，是一个"浪漫—精确—综合"反复循环，螺旋式上升的过程。

而教材本质上是属于精确学习，是一个从部分到整体，从精确到综合的过程。

教材背后有一个认知逻辑，就是认为学习是一个由浅入深，由易到难，循序渐进的过程。这似乎没错，但是，是一个片面的线性的表述，认为学习是从部分到整体的。实际上，学习既是一个从部分到整体的过程，也是一个从整体到部分的过程，既是一个线性的循序渐进的过程，也是一个非线性的跳跃的过程，前一个强调量变，后一个强调质变，学习是这两个过程的综合。

所以，许多老师认为，学生只有先学了拼音，才能够识字，能够识字，才能够阅读，能够先读浅显的东西，然后才能够读复杂的东西。但是，真实的情况是，拼音从来不是识字工具，而是标注工具和查字工具。没有人真正是从拼音开始识字的，一定是从阅读开始识字的。

这种片面的甚至可以说错误的认知观念，让许多家长至今认为，孩子不应该读课外书，先要把教材学好，教材还没学好，读什么课外书？实际的情况是，正因为不读课外书，所以，教材才学不好。我已经遇到了太多这样的例子了。

上小学前，孩子故事听多了，识字就快，这时候的识字，是自然识字，不是机械识字。上小学后，书读多了，智力自然就好，也容易学好。

为什么会这样？

因为当孩子在听故事的时候，阅读的时候，也是在学习。而且，这是最自然、健康和高效率的学习。这种学习，我们称之为无意学习。为什么书读得多的学生语文好？因为读书多了，潜意识里在汲取营养，进行语言学习，这样才能形成良好的语感，而语感是精确学习的基础。如果孩子毫无语言感觉，将无法进行语言学习。课堂上的语文学习，是精确的语言学习，是有意学习。有意学习必须建立在无意学习的基础之上，并且，小学阶段的语言学习，应以无意学习为主。

结论是什么？

是小学阶段，在课程设置上，语言学习应该采用双系统，一个系统强调大量输入，强调无意学习，是大语文，是儿童课程；一个系统强调精确训练，强调有意学习，是以教材学习为中心的。

3

前面讲了阅读在小学阶段的重要性。那么，在小学阶段，阅读课程的目的是什么？

这里，我要引入一个概念，这个概念仍然是取自苏霍姆林斯基，叫"阅读自动化"。

我们今天读金庸小说，读得特别开心，但是，三年级的学生却享受不到这种乐趣，为什么？不是因为他们的识字量不够，金庸小说中也有许多字我们不认识呢。并不是字都认识就能读懂了。我给你一本尼采或海德格尔的哲学作品，你会发现，每一个字都认识，但合起来不知道是什么意思。孩子们读不了金庸，是因为阅读没有达到自动化程度，不能够直接地快速地汲取意义，将文字翻译为大脑中的画面。这种能力，就是自动化阅读的能力。

这种感觉，就像打字或开车。以打字为例，我们在写作的时候，不会考虑每一个字应该如何打，因为打字已经自动化了，变成了下意识的反应，不用占用我们大脑的"带宽"。我们的全副身心，都在思考写作的内容，并转变为文字。如果我们的打字没有完成自动化，写作将会变得困难。因为你一边思考要写什么内容，一边要考虑这个字应该怎么打，你就无法写出很好的文章，更不用说快速地写了。

注意，在这里，自动化并不是指你会不会打某个字，而是指你可以连续地打字，而不必思考这个字应该怎么打。在阅读中，实际上就是你的注意力不用停留在任何字词上，你的眼睛扫过去，能够快速地从一行文字中汲取意义，形成画面。在这里，关键不是打字能力，而是让打字成为潜意识。成为潜意识，才会自动化。

换句话说，孩子们只有学会了打字，才能流畅地写作，只有学会了开车，才会自由地自驾游，只有修好了公路，才能快速地到达目的地。

所以，在小学阶段，或者说，在五年级以前，学生就好像待在驾校里，主要的任务，不是汲取知识，而是练习驾驶技术，为未来周游世界做准备。或者说，在小学阶段，学生的主要目的不是学习，而是构筑基本的学习能力。又或者说，在小学阶段，学生的学习，主要是基础学习能力的学习，这是未来真正学习生活的预备。这就是小学的意义。

很多小学生上了中学以后学业落后，主要原因是没有学好驾驶技术，就过早地上路。结果，一开始似乎领先，到后来越来越落后。因此，苏霍姆林斯基讲过一句话，小学高段和初中学业成绩有问题，主要需要补阅读，就是基于这种洞察。

如果小学语文，甚至整个小学，只允许训练一种能力的话，那么，必定是自动化阅读能力。这种能力，就是智力。它是所有智力学科的基础。哪一所学校解决了这个问题，就是赠予了孩子一生有用的财富。

4

那么，自动化阅读的能力，从何而来？

只有一条路径，就是海量阅读。注意，我说的不是大量阅读，是海量阅读。你要让自己打字速度变得飞快，怎么办？只有大量练习，没有多少捷径。同样，你要让阅读变得自动化，就要依赖于大量的阅读。阅读的数量越多，阅读的速度越快，阅读的品质越高。这个自动化，也可以翻译成另一个词，就是"语感"。所谓的语感，就是不用分析，直接判定，潜意识里就能够领会，这就是自动化，是通过足够数量的阅读形成的。

我们做一个思想实验，假设孩子没有课外的阅读，只学习教材。每一节语文课，上课老师的水平，都是大师级别的。那么，六年下来，孩子的语文素养会如何？答案是，不怎么样。就像你教人打字，你把打字的技巧，研究到了大师水平，然后传授给学生，但是，如果学生没有足够数量的打字训练，仍然不可能达到自动化水平。相反，你什么打字技巧也不教，扔个电脑或打字机给学生，练习的时间足够久，仍然可以达成自动化。

这里潜藏着的，是语言学习本身的规律。即语言学习中，"输入量"是关键性的，或者说是本质性的。

在这里，有两条学习的规律，要不断地重申——

1. 80%的学习，是潜意识里发生的。

孩子读一本书，沉迷于其中，学习就正在发生。学习发生的标志，是大脑处于兴奋状态。孩子并没有意识到他在学习，他却在不知不觉中经历了学习。

2. 学习过程，是线性和非线性的结合。

什么意思呢？就是说，学习并不是一个简单的循序渐进的过程，而是既有循序渐进，也有突然的飞跃。在某一个瞬间或某一个时期，学生会突然感觉到自己飞跃到了一个新的层次。这个过程，也可以简单地称为量变与质变的结合。语言学习的规律，就是量的积累，引发质的飞跃。但是，如果数量达不到临界点，质的飞跃，就无法完成。

现在许多学校重视阅读了，但是，阅读更像是点缀。例如，一周开一节阅读课，对提升学生的阅读能力，能有多大帮助？杯水车薪。而且，本来应该是快乐的阅读，又承载了太多的语文学习的目标，甚至有可能损害阅读。

5

经常还会出现另一种情况，就是抓了阅读，然后发现，成绩又下来了。最后不得不一手抓阅读，一手抓练习。结果，老师和学生都很疲惫。

有人说，书读多了，语文成绩自然就提升了。

实际上并不是这样的，有两点要注意：

首先，孩子的书读得可能并不多，还没有达成足够的数量以至于产生质变的程度，因此，读书还没有办法高效地转化为理解力。

其次，哪怕读的书足够多，也只能说有助于语文成绩。

读书就像强身健体，你天天跑步，天天健身，身体特别好，有力量，爆发力强。然后，你跟一个练过跆拳道的人去对抗，你往往打不过他。为什么？你的体质好，是练习跆拳道的基础，但是，如果你缺乏技术指导，你的力量的转化率就非常低，很容易被体质不如你，但是经过专业训练的人击倒。

但话说回来，一个人如果只重视跆拳道技术，但是不注重基本体能的训练，那么，他能够走多远？他练了十年，可能会被一个体能特别好，但只练习了两年的人轻易击倒。跆拳道练习到最后，为什么要分重量级？因为大家都掌握了基本技术，最终拼的就是力量。体能好，力量强的人，自然会容易胜出。

所以，现在有些小孩，从学前班就开始练习跆拳道，是非常没有必要的。

回到语文教学中来，阅读与教材学习，缺一不可。二者之中，阅读更为根本。只阅读不学习教材，不进行精确的文本解读训练或理解训练，那么，阅读所获得的积累，就不能够最大限度地发挥力量；同样，只学习教材而不补充大量的阅读，那么，学到的东西，往往只是花拳绣腿，也根本无法转化为能力。最好的情况，就是既抓阅读，也抓教材学习，双线并进，相互成全，这是"高素养，高成绩"的必由之路。

最终那些能考到清华北大的学生，基本上都是素养与成绩俱佳的。

概括一下，语文学习和英语学习，实际上需要双系统：一个系统，是以阅读和自由写作为核心的系统，强调兴趣且数量优先；一个系统，是以教材和精确写作训练为核心的系统，强调训练且效率优先。前一个系统，我们经常称之为"浪漫"，后一个系统，我们经常称之为"精确"。

这两个系统在时间投入上有一个大致的比例。不是很恰当地说，在小学阶段，浪漫与精确的比例，应该遵循二八原则，前者应该占据 80% 的时间，后者应该占据 20% 的时间。到了中学阶段，仍然遵循二八原则，但是要颠倒过来。

就像练习跆拳道，越是早期，越要重视体能训练，越是晚期，越要重视技巧训练，因为体能已经有了坚实的基础。

6

到目前为止，我们已经弄清楚了一些原理，可以稍微总结一下。

1. 小学阶段语文学习最重要的任务，是培养自动化读写能力，尤其是自动化阅读能力。这是我们学好所有学科的基础。

2. 要培养以自动化阅读为核心的语文核心素养，我们需要采用双系统：一套系统强调阅读，遵循数量优先的原则；一套系统强调训练，遵循效率优先的原则。前者我们称之为浪漫，后者我们称之为精确，浪漫与精确相互编织，相互影响。在比例上，小学阶段应该以浪漫为基础和核心。

3. 小学研发课程，核心应该研发道德人格课程、以语数外学习为核心的智力课程，以及艺体课程。其他的课程，是补充，但不应该成为小学课程研发的核心。

那么，接下来的问题就是，对小学语文而言，我们要研发哪些课程呢？

我们发现，需要研发两类课程：一类是以统编本教材系统为依据研发的学科课程；一类是以大量读写为核心的背景课程。

小学阶段儿童阅读课程的设计

1

那么，以读写为核心的课程，应该如何研发？

先把写作放在一边，只讨论阅读课程。我们要思考一组问题：

1. 在整个小学阶段，作为背景的阅读课程，与课内的阅读教学，有什么样的不同，又是怎样的关系？（浪漫—精确，完全不同的课程逻辑）

2. 不同年级，阅读的内容和方式，会有什么变化？

3. 同一个年级，有哪些阅读类型？分别承担了怎样的课程目的？为什么是这些课程目的？

把这些问题考虑清楚了，就可以编制阅读课程，而不是简单地开设阅读课。

课程类型	一年级	二年级	三年级	四年级	五年级	六年级
晨诵	儿歌童谣	儿童诗	儿童诗+古诗	古诗例——在农历的天空下	古诗+现代诗	儒道经典+现代诗

（续表）

课程类型	一年级	二年级	三年级	四年级	五年级	六年级
整本书共读	绘本课 例——《猜猜我有多爱你》	长文挑战 例——《丑小鸭》	整本书共读 例——《一百条裙子》	整本书共读 例——《夏洛的网》	整本书共读 例——《小王子》	整本书共读 例——《青鸟》
	每周 1 节	10~20 篇	2~6 本	2~6 本	2~6 本	2~4 本
海量阅读	500 本绘本	300 本绘本+50 本桥梁书	1000 万字	1000 万字		
名著课程					《西游记》	《三国演义》+《三国志》
文言课程					《世说新语》+ 小古文	
广谱阅读					人文 + 科普	人文 + 科普

我们会注意到，低中高三段课程，有明显的差异。

低段阅读课程的重点，是"意义＋识字"，是为自动化阅读做准备；中段阅读课程的特点，是"共读＋海量阅读"，是塑造自动化阅读能力的关键期；高段阅读课程的特点，是"经典＋广谱＋文言"，是利用自动化阅读的成果，深入塑造学生的思维。

课程神奇在哪里？

我举几个例子。

第一个例子，二年级有一个课程，叫"长文挑战"，实际上一年级下学期就可以做了，甚至可以更早。长文挑战是做什么呢？就是你要选择比较优质的故事，容易打动学生，跟他们的心智结构相对应的故事，来让他们完成大声朗读。一开始可以选择短小的故事，或者故事中的部分。例如，你可以把绘本故事的文字打印出来，让他们挑战朗读。然后逐渐增加难度和长度。如果你花一周或两周的时间，带领二年级的学生，把《丑小鸭》全文朗读下来了，指的是学生能够独立朗读，并且带有一定的感情，那意味着什么？学生再去读其他课文，会说，"哇，课文太简单了"，这正是我们第一次在非常薄弱的地区带薄弱的学生时学生的反应。整个小学六年的语文教材，没有一篇文章的难度在《丑小鸭》之上，更不用说长度了。如果学生能够挑战 20 篇左右的长文，会发生什么？学生会在二年级下学期，甚至更早，突然出现一个识字的爆发期。就是说，突然之间会阅读了，认识大量的字。这种识字，就是非常健康的自然识字。这种学习非常高效。而且，大大地减轻了教材学习的压力。如果只学教材，就会出现有些学生连课文也读不下来的情形。

第二个例子，是文言文的学习。传统文言文是如何学习的？我们要精确地学习每一个字词，包括实词和虚词的用法。例如，我们学的第一篇文言文，是《两小儿辩日》。我们要记忆实词的含义，虚词的含义，一词多义和各种句式，学习负担非常重，但是效率很低。这样下来，六年文言文学习，请问，孩子有能力阅读古代文献吗？除了考试根本不会，也读不懂用文言写的作品。原因是什么？是因为中学六年，整体的文言输入量不够，只学了若干篇课文，无法形成文言语感。而实际上，在小学高段，学生的文言输入量，就有可能比中学六年的总和还要多。怎么做到的？我们会发现，四年级开始，有一个课程，叫"在农历的天空下"，每天一首古诗词，这就是古文学习的开端。接下来是《世说新语》的学习。再接下来是《三国志》的学习。学到《三国志》时，单是《曹操传》，字数就超过了一万字，中学六年文言文字数加起来，才有多少？

我们的文言文学习，除了保持足够的输入量外，还有两个特征：一是更强调整体理解，而不是对字词或语法的精确聚焦。读一段文言文，重点是理解它要表达的意思，而不是一定要把每个字或词的用法搞得很明白，那是语文课的任务，不是阅读课程的任务。所以，在这种学习中，有大量的断句训练。学生能够正确地加标点，意味着他能够读懂文言。《曹操传》虽然一万多字，但并不需要逐字学习，要的是能够读下来，理解《曹操传》究竟在说什么。二是语言与精神并重，不割裂开来纯粹地学习语言。例如，我们学习《世说新语》，目的是透过文言，理解背后活生生的魏晋人物。总之，学的是活的语言，有精神的语言，有生命力的语言，而不是死的语言。学生读过一定数量的文言后，就对文言形成了语感，基本上能读原著了。这时候，再进行课内精确的文言学习，效率就大大提升了。

2

刚才我们已经回答了三个问题中的两个。即同一年级，有哪些阅读课程的类型？同一类型的阅读课程，在不同的年级有什么不同？

我们还有一个问题没有解决，就是阅读课程，与教材系统，究竟是什么关系？我们一直在讲双线结构，两套系统，或者双股绳，那么，这两条课程线索，联系和区别分别在哪儿？

	阅读课程	教材学习
学习目标	主题优先（聚焦人文主题）	知识优先（聚焦语言形式）
学习材料	数量优先（强调语言输入量）	品质优先（强调经典性或典型性）
学习方法	兴趣优先（强调激发热爱）	训练优先（强调提升效率）
学习评价	激励优先（强调质性评价）	标准优先（强调量化评价）
	浪漫	精确

举个例子，我们把《丑小鸭》编入阅读课程，和编入语文教材，会有什么不同？

编入教材的话，我们就是通过《丑小鸭》来学习语文知识，形成语文能力。例如，我们要精确地学习识字，一类字二类字。我们要积累词语。我们要精确地训练理解力，比如通过上下文，理解某个句子的含义。我们要研究《丑小鸭》的表达方式，比如象征的手法。我们当然也会涉及《丑小鸭》的思想内容，但是，多数时候不是重点。

如果编入阅读课程的话，我们就不是通过《丑小鸭》来学习语文知识，而是去深刻地进入一个故事，理解一个故事，并且，与我们的生命产生共鸣。在这里，没有一类字二类字的学习，没有表现手法的学习，没有好词好句的积累，有的，是学生在老师的带领下，熟悉一个故事，理解一个故事，讨论一个故事。在这里，重要的就不再是知识，而是主题。故事本身是一种启发，甚至是一场洗礼。但是，我们实际上也进行了语言学习，只是语言学习是潜在的。例如，有些字我们不认识，但我们在读故事的过程中认识了，这种认识以不妨碍理解为前提，并不是语文课中的精确的认识，那是一种举一反三的学习方法。而在阅读课中，被颠倒过来了，成了举三反一。

因此，在阅读课程中，重要的是主题，是输入量，在学习方法上，重要的是兴趣，是热爱阅读，带着生命感去阅读。为了达到这一目的，在评价上，老师必然是以激励为主，而不是评判。换句话说，在阅读课程中，人是中心，因此阅读课程，往往也是道德人格课程；而在语文课中，知识是中心。

如果我们以语文课的标准去要求阅读课程，那么，学生必然丧失兴趣，数量也上不去。如果我们以阅读课程的标准去要求语文课，那么，必然导致效率低下。

小学之后：一生的阅读

小学阅读的关键，是达成"阅读自动化"。基本的途径，是"海量阅读"，这应该作为区域和学校的战略重点，而不应该是特色。

中学阅读的关键，就不再是"海量阅读"，而是经典研读。通过经典研读，塑造一生的思维品质。所以，一个人青春期的阅读品质和风格，对一生是奠基性的。一个人的思维品质或深度，一个人的生命风格，与此息息相关。

例如，在研究教师阅读史的时候，我发现青春期的阅读史，与一生职业成就之间的高度关联。当时研究对象主要是七零后，喜欢读琼瑶的，基本上没什么出息；但是因为喜欢琼瑶走向诗歌阅读的，或者喜欢唐诗宋词乃至于《红楼梦》的，都是好的语文老师；喜欢《平凡的世界》《简·爱》《荆棘鸟》《飘》的，敬业精神普遍比较强；喜欢金庸小说或侦探小说的，考试成绩普遍比较好。

因此，青春期用经典滋养学生，有着重大的意义。

成年以后的阅读，主要是问题解决式的阅读。研究与审辨，往往是核心的阅读方式。但是，成年阅读，严重受制于青春期的思维品质。

人生阶段	阅读性质	书籍选择	阅读方式	阅读模型
童年	海量阅读	数量优先	快速阅读	无意识学习
青少年	经典研读	质量优先	批注式研读	刻意练习
成人	问题解决式阅读	主题优先	信息提取式阅读	有目的学习

上篇：
儿童阅读基础

什么是童书？

什么是"童书"？这个问题非常奇怪，难道，谁还不知道什么是童书吗？《小王子》是童书，《夏洛的网》是童书，《彼得·潘》也是童书。

那么，我再来考你一组问题：《犟龟》是童书吗？《草房子》是童书吗？《伊索寓言》是童书吗？《希腊神话故事》是童书吗？叶圣陶的《稻草人》是童书吗？《格林童话》是童书吗？

是不是有些迷惑了？你可能还会问，一个定义，本身就见仁见智，有必要定义得那么清楚吗？

我们先弄清楚"童书"的含义，再解释，为什么非要把这个问题，作为儿童阅读的第一个问题。

一

我们可以简单地说：童书，就是给儿童看的故事书。

这里面有两个关键词在修饰"书"，一是"儿童"，二是"故事"。那么，什么是儿童呢？

这个问题更奇怪，儿童，不就是小孩子吗？你可以把 12 岁以下的人，定义为儿童，也可以把 18 岁以下的人定义为儿童，也可以把 6~12 岁定义为儿童，6 岁以下定义为幼儿呀？

我说的不是年龄分界，而是本质意义上的儿童。在这里，我要引用一个惊世骇俗的观点:儿童这个概念,不是早就有了,而是后来才有的。换句话说,儿童这个概念,不是被发现的,而是被发明的。我的这个观点,是从一本非常有名的书中引用的,这本书叫《童年的消逝》,作者是美国的尼尔·波兹曼。

波兹曼的意思,我可以大致描述一下。在漫长的古代社会,是没有童年这个概念的,儿童是被当作"小大人"来看待,也可以说,是被当成不完备的大人来看待的。为什么呢?因为儿童和成人,生存在同一个生活世界和文化世界里。成人打猎,儿童小的话,在家里做一些力所能及的采集的工作,大一点的话,就要跟成人一起去打猎,在做中学。斯巴达训练士兵,不是等你年满十八岁再训练,而是从小就加以训练,根本不把儿童当儿童看待。儿童几乎接触到了成年人世界中的一切,包括性与杀戮。

这是讲儿童与成人生活世界是同步的。因此带来的是文化世界的同步,接触到的信息是同步的。

那么,什么时候儿童才真正产生了呢?是印刷术的普及,以及文艺复兴的出现。印刷术的普及带来一个状况,就是成人的识字率大大地提升,成人越来越多地通过阅读来理解外部世界以及进行交流。这就导致了一种情况,成人和儿童,开始不完全生活在同一个世界里。儿童要理解成人的精神世界乃至于生活世界,就需要经历漫长的训练,尤其是学校教育的训练。这不仅仅是因为儿童识字量的增加有一个过程,也是因为成人作品的内在结构是有理解门槛的,不是会认字就读得懂。

成人与儿童的信息隔离,包括儿童逐渐脱离成人劳动,使得儿童开始拥有自己独特的生活、精神和心理世界。成人世界里的许多事情,对儿童逐渐成了禁忌,例如性。学校的普及,加剧了这种隔离,儿童开始被当成儿童来看待。从某种意义上,我们可以说,儿童出现了,儿童被发明出来了。

既然儿童被发明出来了,开始识字的儿童,就开始有自己的读物,其中最重要的,就是儿童文学。而在中国,儿童的概念,是伴随着五四运动开始出现的,这也是儿童文学的开端。《西游记》是神魔小说,并不是儿童文学,虽然儿童也可以看。五四运动以前,中国封建社会,虽然有大量的儿童在接受教育,但是一开始就是读经,是直接和成人一样接触儒家经典的,并没有真正意义上属于儿童的读物。

二

以上是从文化上讲，儿童不是被发现的，而是被发明出来的。

但是，从心理学的角度，儿童又是被逐渐发现的。在发现儿童的人当中，最重要和最著名的，是瑞典的心理学家皮亚杰。皮亚杰真正地从心理、认知和道德等方面，发现儿童不是成人的缩影，而是有自己独特价值和特征的一个阶段。

从智力的角度，皮亚杰把儿童期分成几个阶段，分别叫"感知—运动阶段""前运算阶段""具体运算阶段""形式运算阶段"，分界年龄分别是 2 岁，6-7 岁，11-12 岁。每个阶段的儿童，都有自己理解世界的方式。举个例子，具体运算阶段的儿童，能够理解 1+1=2，但是理解不了 a+b=c，能够理解什么是家，但是理解不了什么是祖国。

从心理的角度讲，年龄越小的儿童，越处在自我中心主义阶段。注意，自我中心主义并不是自私，自私是一种道德评价，自我中心主义则是一种心理特征，是觉得整个世界都在围绕着他转的一个朴素认识。因此在儿童早期，最晚在三年级以前，是没有成人世界所谓的道德问题的。幼儿园的小朋友拿了别人的东西，往往并不是偷窃，而是没有能力区分清楚自我与他人的边界，更多的时候是个心理问题。自己丢了东西往往也不知道去找，所以失物招领处到处是小朋友的衣服等东西。

说这些有什么用呢？我们都有一种体验，在我们上学前，我们觉得自己的父母是无所不能的，能帮我们摆脱一切问题。上学以后，才会逐渐明白他们和别的父母一样，可能也只是一个一见领导战战兢兢的打工人。但在自我中心主义阶段，他们就是国王和王后啊，可以调动一切资源，而我们，就是公主和王子，是这个世界的核心。童话里为什么总是公主和王子的故事？它的心理根源就在这里。儿童读王子和公主的故事的时候，就容易产生自居，觉得这就是自己的故事，自己的经历。如果我们有了这些心理学常识，就容易理解童话，进而知道怎么更好地把童话带给儿童。

三

我们已经弄明白了"儿童"这个概念。从文化角度讲，它是被发明的；从心理学角度讲，它是被发现的。

那么，为什么要说，"童书"是指"故事书"呢？

儿童也会读故事以外的书，例如《十万个为什么》，童谣，甚至是玩具的产品说明书。但是，故事在儿童的成长中，起着核心的、独一无二的作用。

前面讲到皮亚杰讲儿童思维，是从"感知—运动"阶段向"形式运动"阶段过渡，如果讲得通俗一些，就是从动作思维向抽象思维过渡。你要教幼儿园或一年级小朋友一些基本规则，经常要借助动作，而不能仅仅依赖于抽象的语言来传达，就是这个道理。而情节性强的故事，就是动作性的，是儿童容易理解的，这是从故事的形式上；从故事的主题上讲，往往借助公主—王子，或者各种动物，又与儿童的生活高度相关，是儿童生活的象征化。

为什么儿童年龄越小，故事的虚构成分越大，反而到了青春期，故事就趋于写实了呢？

因为儿童越小，他们的心灵世界就越主观，甚至是一个"万物有灵"的世界；儿童越大，他们的心灵世界越写实，越是一个充分社会化的世界。换言之，小孩子是相信圣诞老人的，长大以后，就不再相信了。因此，故事就是儿童理解世界的方式，我们在讲到"童书"的时候，就是指"故事书"，并且，这个故事还要依据儿童的心理特征。

回到我们开头的问题：《犟龟》是童书吗？《草房子》是童书吗？《伊索寓言》是童书吗？《希腊神话故事》是童书吗？叶圣陶的《稻草人》是童书吗？《格林童话》是童书吗？

我们可以初步给出答案：《犟龟》是童书，也是绘本，真正的绘本，是童书的一个组成部分，虽然我们也可以从童书中分出来一个类别。《草房子》是相对写实的虚构作品，是12岁以上的少年读的，本质上是属于青春文学，也不是严格意义上的童书。当然，如果你把儿童的概念扩大到18岁，把它纳入童书中，也没有什么问题。《伊索寓言》并不是写给儿童的，而是写给成人的，只不过儿童也能够从中得到教训。《希腊神话故事》是神话，神话是给成人看的，童话是给儿童看的。儿童当然也可以看神话，但神话不是儿童文学的主流，不是讲给儿童的，而是讲给所有人的。叶圣陶等早期儿童文学作家的作品，往往是成人以儿童口吻讲的教育儿童的故事，就像《爱的教育》一样，本质上是寓言体，不是经典的儿童文学作品。《格林童话》是儿童这个概念形成以前的儿童文学，是前儿童文学，实际上是儿童与成人都在看的，没有专门为儿童写作的自觉，所以，里面也有许多暗黑的东西，跟专门为儿童有意识创造的作品，又不一样。

当然，我们在实际做阅读的过程中，可以把这些都称为"童书"，但是，理解本质上的"童书"概念，对于判断什么是好书，以及如何使用图书，是非常有好处的。

四

最后，再回到波兹曼的《童年的消逝》这本书，因为它里面的许多论断，极具现实意义。

为什么呢？

因为我们今天正在经历"童年的消逝"。因为电视的原因、电影的原因、网络的原因、游戏的原因、视频的原因，儿童今天可以直接接触到成人的内容，成人与儿童之间的分界又模糊了。尤其是到处充满了色情与暴力，这些直接地影响了儿童，甚至是小学生。因此，在今天，怎么控制儿童对手机的使用，怎么为儿童设置保护期，就是一个重大的课题。

在这个挑战面前，儿童阅读，有着自己独特的使命，这也是我们做这件事的意义，让我们一起上路，为更好的童年而努力。

什么是绘本？

绘本现在很热，几乎每一个城市都有绘本馆，全国各地，无数的妈妈在陪着孩子读绘本，无数间教室里在上绘本课。

那么，我们先来弄清楚一个问题：什么是绘本？

一

有人说，绘本不就是图画书吗？

那么，以图画为主的书，就是绘本？请问，小人书是绘本吗？折叠衣柜的说明书全部由图构成，是绘本吗？向儿童介绍性知识的《小威向前冲》是绘本吗？《奇妙的三角形》是绘本吗？

我们马上就明白了，并不是以图为主的书，就是绘本，这只是外在形式，绘本对内容还是有要求的。也并不是名称中包含绘本的，就是绘本。例如知识绘本、数学绘本，本质上就不是绘本，只是用图画或故事的方式传授知识。

那么，除了形式上是以图画来表达这一特征外，绘本的突出特征是什么？

绘本的突出特征，是适合儿童，尤其是幼儿阅读的故事。

这个故事有什么特征呢？它是以儿童为潜在的主角，以儿童视角和心理为依据所创造的，符合儿童心智特征的故事。这个故事，目的也是以潜意识的方式，解决儿童的内在问题，帮助儿童完成精神建构，以促进儿童健康成长的。

比如有一个绘本叫《逃家小兔》。有一天，一只小兔子突然对妈妈说："我要逃走了！"妈妈说："如果你要逃走了，我就去追你，因为你是我的小宝贝呀！"
然后，一场捉迷藏游戏就开始了。可是，无论小兔子变成河里的一条鱼、花园里
的一朵花、高山上的一块石头，还是天上的一只小鸟，妈妈总有办法找到它。最后，
小兔子逃累了，躺在妈妈的怀里说，我不逃了。然后，妈妈奖励给它一根象征爱
的胡萝卜。

小兔子当然并不是真的要离家出走，而是一次次地考验和确证妈妈对它的爱。
这种爱，给小兔子以内在的安全感，这对儿童是非常重要的。当儿童和父母或老
师一起读这个绘本的时候，他在潜意识里就会自居为兔子，也想象性地经历一次
一次的逃跑，安全感会在这种阅读中进一步地加深。而这一切，都是在潜意识里
作用的。

一旦儿童的这种安全感不断地得到强化，儿童就敢于离开妈妈，去探索外部
世界。因为他知道自己是安全的，随时可以回来。并且，有一个家园一直保护着他。
换句话讲，儿童迟早要离开妈妈，母子一场，就是一个不断分离的过程，而内在
的安全感，恰恰能够让分离变得更顺利。

这就是绘本在儿童成长中的作用。绘本作为故事，在潜意识中起到疏导儿童
焦虑、解决儿童问题、引导儿童方向的作用。换句话说，以故事为本质特征的
绘本，就像儿童的精神奶粉，均衡地作用于儿童的精神发育，同时促进儿童的
认知、道德、心理、情感以及社会化水平。

从这个意义上来说，小人书不是绘本，只是成人读物的儿童版，知识类绘本
也不是绘本，只是以图画形式呈现的知识读物。在绘本世界里，它们处在边缘地带，
通常不是讨论绘本时的主要对象。

二

澄清了绘本的本质，有什么用？

我们知道了一个事物的本质，就明白了这个事物如何运用，才能发挥最大的
价值。因为网站上，尤其是微信中，关于绘本的信息铺天盖地。除大量的绘本推
荐外，绘本的功能被说得神乎其神：培养孩子的认知能力和想象能力、培养孩子

的文学艺术方面的修养、培养孩子的良好习惯、培养孩子的色彩敏感、培养孩子的情绪能力、增加孩子的识字量……这些形形色色的诉求，一方面反映了绘本本身的良莠不齐，另一方面，也反映了我们对绘本理解的偏差。绘本不是万能膏药，绘本究竟是用来做什么的？这是摆在父母和教师面前的一个重要问题。

有不少妈妈或老师，喜欢用绘本来进行"道德教育"或"习惯教育"，讲一个绘本，总喜欢总结其中的"道理"，或者在讲绘本的过程中，就不断地讲"道理"，结果，有趣好玩的绘本，往往成了道德教育的工具，这是对绘本本身的异化。

有不少妈妈或老师，习惯用绘本来作为语文教学的延伸，通过绘本来教朗读，教识字，活生生地将绘本折腾成"看图说话"，颠倒了绘本的图文关系，这也是对绘本本身的异化。

有一些专家，将绘本当成发展孩子美术鉴赏力的手段，并且乐此不疲地推广所谓的"鉴赏方法"：封面如何如何，里面的画如何如何……这是将绘本当成了美术作品。实际上，绘本更远离绘画，更接近故事，或者说，绘本的本质就是故事，色彩、线条只是讲述故事的手段，作用和文字类似。因为低年级及学前儿童识字较少，所以这就成了非常重要的讲述方式，更何况用色彩和线条讲故事，有用文字讲故事所达不到的效果。将绘本误当成美术作品来鉴赏，是对绘本本身的异化。

……

绘本是用来做什么的？最切近绘本本质的答案或许是：绘本不是用来做什么的。它不是用来做道德教育的，不是用来做心理疏导的，不是用来教美术的，不是用来识字的，不是用来促进智力的，不是用来培养习惯的，不是用来承载知识的……绘本本质上是"无为"的，但它因为"无为"而才能"无不为"。

绘本的"无为"，是指绘本不宜用来直接地达成某个明确的目标，那种精确的训练是学科学习的目标，而绝不是绘本阅读或教学的目标。将含义丰富的绘本窄化为某种指向明确目标的用件，是对绘本的异化或误用。

绘本的"无不为"，是指可以同时达成数个目标，它对于生命是一种综合的、丰富的、有机的促进。但是，这种"为"是潜意识中完成的。而要在潜意识中渗透这些目标，唯一的可能，是讲好故事，让故事本身发挥力量。

所以对绘本来说，故事才是伟大的。绘本阅读的关键，是让故事活起来；绘本教学的关键，也是让故事活起来。一个妈妈，从孩子还在摇篮中的时候，坚持不懈地给孩子讲述精彩的故事（包括大量的绘本），坚持亲子共读；一个老师，在教室里让故事活灵活现，这些，都是最好的绘本教育。

三

这并非说绘本不可以用于精确化的教育或教学，而是说，对绘本来说，真正伟大的是故事本身，在保持故事本身的完整和鲜活之时，真正的高手也会有精确的点染：适度的停顿、合宜的问题、亲密的交流……这涉及另外的艺术。

换句话说，绘本可以用做其他用途，而且可能也是精彩的课程。那么，讨论绘本的本质有什么意义呢？

当然有意义，这就像筷子的用途，可以有无数种。而我们只是试图指出筷子的本质，说明它最适合用来吃饭，只有这样，才能最大限度地发挥它的力量。不能今天用筷子敲鼓，明天用筷子松土，却遗忘了发挥筷子的真正用途，仅此而已。但这并不是对筷子其他功能的否定，你尽管用它挠痒、剔牙、搭积木……

举个例子，我们可以用绘本来发展识字量，我们称之为长文挑战。但是，这是对绘本的利用，我们称为“语用”，并不是说，绘本是用来识字的。一定要明白，识字不是绘本的核心功能。绘本之所以用图画来表达，就是在儿童未识字，或识字量不足之前，用图片以及图文结合的方式讲述故事和传递意义。

当孩子阅读故事时，
他的内心在发生着什么？

　　故事对于儿童精神成长的意义，就像母乳对于儿童身体发育的意义，是全面而深入的。

　　在真实的世界中，每一个儿童，都是被囚禁的王子或公主，"锦衣玉食"，但是，被束缚在有限的范围之内，例如家庭、小区、学校。游乐场，大概就是儿童所能抵达的最远的地方。

　　因为自我中心主义的限制，儿童还无法意识到，在每一个家庭里，都有一两位王子或公主。儿童只是觉得自己是世界的中心，整个世界是在围绕着自己运转。我饿了，食物就会送到嘴边；我累了，就会有一张温暖舒适的床；我不舒服了，就会有一堆人围着我嘘寒问暖。儿童还没有办法，也缺少足够的能力去理解，送到自己嘴边的每一份食物，都是父母辛勤劳作的结果。

　　读小学了，儿童遇到了许多不一样的同学，已经知道了自己并不是世界的中心，这时候，就极有可能产生自卑情结。但是，认识是一回事，感受是另一回事。儿童能够认识到自己不是世界的中心，但在潜意识里，儿童的思维模式和情感方式，仍然是自我中心主义的。要彻底地走出自我中心主义，还需要更长的时间，例如青春期，才有可能大致完成。尽管如此，人终生都会带有自我中心主义的残余。有些人，甚至一生也走不出那些脆弱的自我。

一

当儿童遭遇到一个故事，就如同干涸的大地，突然遇到了雨水，饥饿的人，突然看见了食物。

为什么？

因为成长带来了"远行"的愿望，身为"王子"或"公主"的儿童，头脑渴望着外部世界，身体却因为安全的缘故被父母束缚在家里。这时候，突然读到了一个故事，那个故事里，也有一个同样的王子或公主，儿童会怎样想？

他会在潜意识里以为，那个人，正是他自己。这，就是阅读心理学中所谓的"自居作用"。儿童在读一个故事的时候，不知不觉中进入了这个故事。

故事往往是这样的：

享受着荣华富贵的王子，和老国王以及皇后幸福地生活在一起。然而突然有一天，邪恶的巫婆来临了，王国被毁灭或占领了。为了保护王子和王国，国王和皇后，献出了他们高贵的生命。王子在一个忠诚的老仆人的帮助下，逃离了王国，被巫婆派来的士兵到处追杀。

为什么童话故事的开头，如此的千篇一律？又如此地深受儿童的喜爱？

因为它揭示了儿童生活的真相，不仅仅是心理真相，也是生活真相。

当一个儿童，忽然被要求要按照指令自己控制大小便而不是妈妈照顾的时候，当一个儿童不得不离开妈妈的乳房，被迫自己拿起勺子吃饭的时候，当一个儿童不得不离开家，独自去上幼儿园或小学的时候，妈妈不再友善，而是像后妈或巫婆一样严厉。儿童在心理上是失衡的，这是一种被抛弃和即将孤苦无依的感觉，儿童被迫面对这个世界，去经历生活和心理的破裂与重建。

这就是成长。

原本的王国沦陷了，王子被逐出了伊甸园，不得不独自上路。

儿童被这样的开头紧紧地吸引，潜意识里他相信，这就是他的故事，这就是他的命运。虽然在意识层面，他对此毫无察觉，甚至不知道自己为什么会喜欢它。

二

离开故国的王子是悲惨的。并且，这悲惨，并不会很快结束。

有的王子被追得走投无路，风餐露宿，受尽人世间的艰辛，甚至他人的欺凌与嘲笑。做过最脏最累的活，受过最恶意的嘲笑。有的王子试图反抗，他倾尽自己全部的力量，结果，仍然以失败告终，命悬一线。

每每读到这里，儿童总会眼含热泪，至少，心是揪在一起的。他和王子一样，经历恐惧、分离，经历酷暑、严寒，经历饥饿、绝望，经历排斥、打击。

要在许多年以后，儿童才有可能读到尼采这样的句子：

> 在世人中间不愿渴死的人，
>
> 必须学会从一切杯子里痛饮；
>
> 在世人中间要保持清洁的人，
>
> 必须懂得用脏水也可以洗身。

儿童尚不能理解，这是他必须面临的心理考验，也是一种"必要的摧毁"。没有毁灭就没有重建，没有破裂，就没有生长。而这破裂，必然伴随着孤独、疼痛、恐惧，伴随着彻底的剥夺。

在这个过程中，一切努力都终将失败，以巫婆为代表的邪恶力量，将尽可能地摧毁儿童的意志。他们把孙悟空压在五行山下，让丑小鸭冻僵，把灰姑娘推进灶房，让白雪公主吃下毒苹果几乎死亡……

这是命运邪恶的玩笑，它以这种方式考验你。

三

经历了这样的"死去"，才有另一种"活来"。

当王子的一切努力都归于失败的时候，王子唯一能改变的，是自身，唯一能利用的，是自身的内在的力量，尤其是信念。

夜到夜半，黎明就快要来临了。同样，希望，往往诞生于最深的绝望。这往往意味着，王子已经做好了准备，他的肌肉已经变得强健，他的心理已经变得强大，他已经为成为一个国王做好了充分的准备。

帮助者，就在这时候出现了。

他可能是一个老师，就像唐僧，可能是一个好巫婆，就像《绿野仙踪》中南方女巫和北方女巫，他可能是一个智慧老人，就像《狮子王》中年老的狒狒，他也可能像逝去的父母的亡灵……

帮助者，往往是德性与智慧的象征，深扎在传统中，深扎在人类经验之中。当"王子"用尽了全力，帮助者才会出现，帮助已经支离破碎到了临界点的"王子"完成最后的转变，这很符合"最近发展区"的概念。经历这个转变后，"王子"就变成了一个全新的人，一个……国王！

王子凭什么去打败邪恶力量？真正的力量之源，仍然是信念，是传统，是德性。而这一切的唤醒，总是源于自身的破裂与重建。这种破裂与重建，是一个锦衣玉食的王子很难做到的，必须通过一个邪恶的巫婆或类似的人物，才能把他从舒适区里赶出来，赶到充满风雨的大千世界里去。

四

所有失去的，都会以另一种方式归来。

王子最终打败了邪恶力量。这是一个深刻的隐喻。离家出走的时候，还是一个胆怯恐惧的王子，归来的，却是一个真正的、充满自信与力量的国王。

曾经灰暗的王国，又重新充满生机。故事终于在庆典中结束，王子和公主，从此过上了幸福快乐的生活。当然，他们还会生小王子，小公主，他们的命运，你能猜到吗？当然能，历史就是这样一次次地轮回，在轮回中，一代代王子成为国王，一代代儿童成为成人。

这样的结局，是一种保证。亲爱的孩子，只要你敢于走出舒适区，敢于去面对更广阔的世界，敢于对抗各种风险，敢于在这个过程中不断地将自己打碎并且重建，我确信并承诺，你将成为一个更好的自己！

这就是成长。

而所谓的童话，是一代代父母善意的谎言。父母们无意识地根据儿童的需要，创造了一个一个的故事，或者说童话。这些童话，最早是没有作者的。例如《格林童话》，就是用来听的，是对流传的童话的一种搜集整理。这些故事口口相传，代代相传，经过了千百次的潜意识里的加工，就变成了儿童最好的精神营养。

一旦故事形成，就拥有了自身的主题、结构与生命，成为后世儿童故事的创作者们的范文。儿童文学，因此拥有了自己的范式，成了一代代儿童最好的礼物。

在这样的故事的熏陶下，儿童哪怕足不出户，因为想象性的经历，心理也在不断地经历虚拟的奇幻旅程。这些想象中的旅程，大大地增加了儿童心理的丰富程度，提升了儿童的心理弹性，也让儿童在面对未来不确定的世界时，多了许多潜意识里的准备。

故事，是最好的人格教育，在以自己独特的方式，指引着儿童，让他们潜意识里明白人应该如何生活。

倘若没有故事，儿童的生活，一定是自我中心的，一定是鸡零狗碎的，一定充满了世俗的平庸与算计，最后成为一个无趣的人。

五

那么，巫婆是谁？

巫婆是一种心理投射，一种精神实体。她是生气的母亲，暴怒的父亲，这是儿童外部感受到的；她是恐惧的自我，虚弱的自我，这是儿童内部所隐含的。

将抽象的感受，化为具体的实体，化为可以观察、面对以及战胜的对象，是故事的高明之处。这种客观化，给了儿童审视它们的机会。而儿童没有意识到的是，他们在审视的，实际上是他们的感受，他们内在的另一个自我。这种审视，带来了驾驭、控制，也带来了接纳、和解。

巫婆一定得死，儿童要得到保证，才有勇气投入战争。而所谓的战争，有时候无非是"吾日三省吾身"。

然而，巫婆真的死了吗？它总会以另外的方式，不断地复活。就像伏地魔，他是我们的另一面，总会不断地活过来，威胁着人类世界。然而有趣的是，正因为这种不断的威胁，才带来了成长，带来了发展，带来了霍格沃茨魔法学校的永恒的活力。这是《哈利波特》的故事，也是《魔戒》的故事。

活着，就是走出伊甸园，就是不断地重返伊甸园，就是一段又一段的旅程，就是一次又一次地升级打怪，就是一轮又一轮的自我斗争。

故事帮儿童整理这一切，不过是潜意识的整理。意识层面的整理，要等到青春期过后，乃至于成人期，交给哲学，交给心理学，甚至交给宗教。这个过程，就是从潜意识里的自由，走向意识层面的自由的过程。

故事，就是一部人类意识进化史的前传。

六

儿童的世界，是丰富多彩的，又有着某种内在的一致性。例如，故事的一般结构，就反映出儿童内在心理的一致性，并引导着儿童一步一步地走出自我中心，成为一个成熟的大人。

但是，儿童又是多样的，有着不同的风格甚至是问题。用《女巫一定得死》中的话来说，儿童也有着属于自己的"七宗罪"，例如虚荣、贪吃、嫉妒、欺骗、贪心、懒惰和色欲等。不同的故事，既是同一个大故事，又有各自的特色，处理着儿童不同的问题，以及不同时期的问题。

例如，《白雪公主》，是一个关于嫉妒的故事，而《丑小鸭》，则是一个关于自卑的故事。在《灰姑娘》中，我们看到了手足相争，《木偶奇遇记》则警告儿童不要说谎。

更好的童话，更自由的童话，则注入了一些现代含义。《夏洛的网》里关于生命意义的领会，《小王子》中关于现代人存在的隐喻，都是一种伟大的指引。

每一位儿童，都需要一个属于他的童话，不，需要许多属于他的童话。因为在现实世界里，儿童生活的领域过于狭窄，精神世界过于贫瘠。这，就是《绿野仙踪》所隐喻的。多萝西所生活的堪萨斯，是一个灰暗无比的地方。然而，她在经历了一场彩色的旅程后，仍然急切地想回到故乡。因为灰暗无比的堪萨斯，是我们的命运，我们的色彩，必定来自丰富的内心经历。而故事，就是最安全、最节俭的旅行方式。

如果儿童缺乏足够的故事，只有喋喋不休的说教、功利主义的诱导、做不完的试卷，那么，儿童何以幸福地长大，勇敢地度过此生？

所以，儿童需要故事，把故事赠予儿童，就是赠予儿童最好的礼物。而这，是我们老师和父母义不容辞的责任。

经典的童书是什么样子的?

什么样的童书,是经典的童书?

儿童喜欢,是好书的标志吗?或者,儿童喜欢,是好书的必要条件吗?显然不是。儿童不喜欢的,不一定是坏书;儿童喜欢的,也未必就是好书。如果要为好书下一个定义,凡是能够促进儿童深度成长的书,就是好书。

当然,"好"是一种感觉,一种价值判断。我们这里所谓的"好",更多是从一个成人引导儿童的角度来讲的。

一

一本童书能够让儿童喜欢,感觉到满足,有两种可能。一种可能,是消极意义上的,让儿童完成了宣泄;一种可能,是积极意义上的,让儿童完成了净化。这里的消极,是个中性词,不含贬义。

区别在哪里呢?我以郑渊洁老师的童话《皮皮鲁和鲁西西》系列为例。

儿童时代,我是郑迷。

郑渊洁的童话,是我童年最深的记忆,直接地参与了我的性格塑造。然而,研究儿童阅读之后,我一直不提倡读郑渊洁的童话。为什么?虽然皮皮鲁与鲁西西的形象深入人心,但是,郑渊洁的童话,却不是经典。不仅不是经典,在特定的处境下,还是"有毒的"。注意,我这里的"有毒",加了引号。

那么,在儿童文学领域,经典具有怎样的特征呢?

首先，用象征或隐喻的方式，深入儿童的潜意识，触及儿童生命及成长的核心冲突或情结；其次，围绕着核心冲突或情结，给出带有普遍意义的正向的或超越性的解决方案。

举个例子，儿童文学上最常见的故事，是成长故事。在经典的成长故事中，往往包含三类角色，即主角、反对者和帮助者。角色的功能特别清晰：主角（例如王子、公主等）要成长，因此必须遭遇反对者（例如巫婆、后母等），面对反对者制造的障碍。但是，主角永远无法仅依靠自己的力量打败反对者，因为这意味着原有经验能解决问题。主角要发展，必须依赖于帮助者（这很符合最近发展区的理论）。而帮助者的角色很有意思，他可以帮忙，绝不可以替代（老师和家长作为帮助者，是否有启发呢），因为没有人能代替你成长。辛巴必须独自去战胜刀疤，无论是狒狒，还是父亲的亡魂，都只是启发、引导，而绝不替代。多萝西必须独自回家，好女巫可以吻她，但不可以代替她。

这是一种最常见的经典结构（当然经典结构还有其他形式）。这个结构的潜意识意味，是以结果作为保证，鼓励儿童勇敢地面对困难。因此，经典读多了，儿童就能够从经典中获得力量。这种力量，往往是潜意识里输送的，是通过潜意识里的自居作用完成心理强化的。

那么郑渊洁的童话，为什么无法成为经典呢？

因为郑渊洁童话中的主角，往往不是成长者，不是问题解决者，而是反抗者。比如，在郑渊洁的童话中，鲁西西并不是真正意义上的主角，而是一个脸谱化的适应者，真正生动的，是皮皮鲁。

那么，孩子们为什么喜欢皮皮鲁？因为皮皮鲁的价值，就是帮助儿童完成了潜意识里的宣泄，从而形成极大的阅读快感。换句话说，我们不敢做的，皮皮鲁帮我们做了。因为阅读时的自居作用，我们就获得了想象中的快感。

这种宣泄，当然有助于身心健康。问题在于，宣泄之后怎么办？皮皮鲁应该如何构建自己有意义的生活？郑渊洁的童话没有给出答案，而现实中的儿童，因此也无法从童话中获得滋养，获得潜意识中的启示。在这种情况下，童话的暗示，就是消极的。

关键是，皮皮鲁经常会获得成功。例如，在皮皮鲁的故事中，也有帮助者出现。我记忆深刻的是有几个罐头小人,在皮皮鲁考试的时候,在他耳朵边上报答案,结果皮皮鲁成绩一下子发生了巨大的变化。

那么,儿童会怎么理解类似的情节呢?

儿童会陷入幻想之中,例如白日梦。儿童会期待出现奇迹,解决自身的问题,而不是依赖于自身真诚的努力。换句话说,这样的童话,助长了儿童的逃避倾向,而不是给予儿童以克服困难的勇气与力量。

我在小学高段和初中,特别喜欢做白日梦,逃避倾向就更不用说了。到最后上了中师,实际上就是逃避倾向的一个明显的表征。这当然不是郑渊洁的责任,而是我自己的责任,应试教育当然也难辞其咎。但是,我碰巧非常喜欢郑渊洁的童话,这就变成了一种相互强化。

后来做教育研究,遇到好几例高段男生不愿意做作业,逃避学习的例子,而且,这种儿童的智力基础甚至学习还相当不错。在跟家长沟通的过程中,惊讶地发现,他们特别喜欢郑渊洁的作品,有的甚至只读郑渊洁的。我当时就明白了,这就是我当年情形的复演。

我说郑渊洁"有毒",就是在这个意义上说的。

二

那么,《木偶奇遇记》呢?这是流传久远的不折不扣的经典吧?它有一个积极上进的主题。一切真正的男孩,在没有经受过考验以前,只不过是个木偶。只有经历了勇气、忠心以及诚实的考验,最终,才可能成为一个真正的男孩。

并且,匹诺曹的耳边,也有一种帮助者,就是好心的蟋蟀。

按道理,这是一个标准的童话,并且,在发表之后,它就引发了巨大的社会反响,深受意大利人乃至于全世界人民的喜爱。

然而,我们换一个角度呢?你会发现,一个孩子,可能会因为丑小鸭,成为一个更好的人,但是,很难因为匹诺曹,变成一个更好的男孩。这是我的一个基本判断。一个事实是,曾经有班级用《木偶奇遇记》来排演童话剧。令人啼笑皆非的是,在童话剧中,扮演匹诺曹的男孩子,最终变得更调皮了。而在其他童话剧中，只要剧本选择恰当，孩子们，尤其是扮演主角的孩子，往往会经历一次净化，一场灵魂的洗礼，变成一个更好的人。

为什么会这样？

主要原因是，《木偶奇遇记》这个故事，本质上是属于讽刺小说。从背景上讲，它以夸张讽刺的方式，复现了意大利现实生活中的种种落后和丑陋的现象。例如贫富差距、老百姓的饥饿与贫穷、司法部门和医疗机构的虚伪等，以至于意大利哲学家贝内戴托就曾评论说："用来雕刻匹诺曹的那块木头，实际上就是人类本身。"（本段参照百度百科）

在真正的童话故事中，背景往往与现实生活保持了一定的距离，确保了充分的虚构性。例如森林、城堡、国王……这种距离，确保了儿童忘我地进入故事中去，从而完成一种想象性经历。而一旦故事在背景上与现实太接近，会导致故事本身的对象化或者说客观化。

因此，《木偶奇遇记》最早的成名，恰恰不是因为儿童喜欢，而是它本身的讽刺性，引发了许多人的共鸣。这也充分证明，在本质上，这是寓言，是批判性的，而不是建设性的。不仅对于当时的意大利，是批判性的，甚至从儿童文学的角度来看，对于儿童，尤其是主人公匹诺曹，也是批判性的。

在经典的童书中，对于主人公，不应该是批判性的，这会导致错误的自居，而应该是反思性的。批判性的含义是"你不对，你要改"，而反思性的含义则是"你是个好孩子，但你可以变得更好"。换句话说，真正的好的童书，是"接纳＋引导／反思"。

《木偶奇遇记》本身的寓言特性和批判气质，导致了一种错误的自居。在这种错误的自居中，儿童在潜意识中同化了匹诺曹身上不好的部分，有一种做坏事的快感，但是，对匹诺曹的批评，因为是批判性的，是更多来自外部的，而不是内部，反而无法进入儿童的潜意识，也就无法转化为真正意义上的道德力量，反而变成了一种因果惩罚——说谎，鼻子就会变长。

三

其实，郑渊洁的童话也是好童话，《木偶奇遇记》也是公认的经典。用它们来作为例子，恰恰是为了说明，真正适合儿童心理特征，能促进儿童人格发育的经典作品，应该具有怎样的特征。

以象征或隐喻的方式，曲折地复现了儿童的成长历程或特定问题，是经典的第一个特征。

类似《绿野仙踪》《西游记》《永远讲不完的故事》之类的作品，就是比较完整地隐喻了儿童的成长。这是一个从 A 状态到 B 状态的过程，有时候我们也称之为"英雄的旅程"。在这个过程中，儿童可能遇到的问题，被用象征的方式表达出来。例如，在《绿野仙踪》中，儿童不满足于当下生活，这是成长的前提。因此，多萝西生活的堪萨斯州，在她眼里，就是灰暗的，毫无色彩可言。所以，她渴望出走，这是成长的开端。而在《西游记》中，当儿童对现状不满时，他潜在的能量，就表现为大闹天宫这样的破坏性。《永远讲不完的故事》中也一样，当儿童的内心塌陷，生活变得毫无乐趣时，整个世界就在迅速地荒漠化，需要新的创造，新的命名，来赋予存在以生机。

潜意识里给出儿童解决问题的方式，真正地为儿童指明方向，是经典的第二个特征。

真正好的经典，都是建设性的，写过《西方正典》一书的布鲁姆称之为"正典"，即正面引导，告诉人们应该如何做的经典。布鲁姆说：

> 阅读他们作品的真正作用是增进内在自我的成长。深入研读经典不会使人变好或变坏，也不会使公民变得更有用或更有害。心灵的自我对话本质上不是一种社会现实。西方经典的全部意义在于使人善用自己的孤独，这一孤独的最终形式是一个人和自己死亡的相遇。

好的童书，是儿童文学中的"正典"，其目的，也是为儿童生活树立尺度。

因此，它往往不取材于现实，而取材于理想，尤其是经由人类传统而形成的理想，形成的我们对儿童的期待。

儿童会沮丧，会自卑，我觉得生活是灰暗的。在大多数情况下，儿童会在这种情况下长大，最终变成一个平凡乃至于平庸的人。而经典童书的意义在于，它在儿童童年埋下一粒种子，暗中指引儿童去形成一种更为自由的选择，就是不屈服于困难，不屈服于平庸，而应该去形成一种深刻的内在生活和外部追求。或者说，像英雄一样生活。

举个例子，一个自卑的儿童，可能一生自卑。这种自卑，会形成一种抑制生命自我实现的力量。但是，如果有一批类似《丑小鸭》这样的经典呢？这对原本可能趋向萎缩，趋向平庸的生命，就可能形成一种潜意识中的指引或改写，让儿童有更大的概率，将自卑转化为超越的力量，从而做出不平凡的成就。

当然，与正典相对的，称之为"副典"吧，也可能是经典。但这种经典是补充性质的，它的目的是引发思考，是以批判性补充建设性，但是缺乏正典所能带来的潜意识里的建设力量。甚至于，如果儿童读副典太多，就容易走向片面与偏激，甚至内化了被批判的对象。用尼采的话来说："当你凝视深渊的时候，深渊也在凝视你。"从成长的角度，儿童应该先立后破，而不应该反过来。

除此之外，还有别的例外。例如也有一些经典的写实作品，例如《一百条裙子》，也是经典，并且是正向的，建设性的。但是这类经典，严格地说，也是"儿童社会小说"，自居的力量大大削弱了，反思的力量大大加强了，并不是儿童文学经典的主流。

怎么让儿童爱上阅读？

阅读对于儿童来说，像呼吸一样自然。

儿童的大脑偏爱故事，就像肠胃需要食物。大脑在进化的过程中，一层一层地叠加，最底层的，是爬行动物脑，偏爱安全，对于危险事物反应强烈；中间一层，是哺乳动物脑，是情感中枢，也叫情绪脑，欢乐或伤心，这里是情绪开关；最外面一层，就是大脑皮层，也叫理智脑，是进行思考和决策的地方。

儿童偏爱安全，又喜欢冒险，调节这二者的，是情绪开关，三层大脑配合默契。故事完美地满足了这三者。总待在安全的环境里，儿童觉得很乏味，理智脑得不到满足。所以，儿童需要思考和探险，或者说，需要精神的历险，故事把儿童带到了一个惊奇的世界里，让儿童能够去经历在现实生活中不可能发生的事情。在这个过程中，儿童会经历失去的恐惧、独自面对危险的孤独，也会经历友情，经历打败邪恶力量所带来的快乐。而故事的结局，往往是一个有力的保证，让爬行动物脑不至于做出强烈的反应关闭通道。总而言之，阅读，就像飞翔，像在游乐场里玩大型高空游戏，惊险、刺激，但是爬行动物脑知道这实际上也是安全的，不会出手阻止游戏本身。

—

那么，为什么会有儿童不喜欢阅读？

显然，乏味的故事，儿童不喜欢；故事太简单或太难，儿童不喜欢；故事内容无法引发儿童的惊异感，儿童不喜欢。但是，我们推荐的经典童书，也在儿童的最近发展区内，为什么有些儿童喜欢，而另外一些儿童，就不喜欢呢？

在低段，有些儿童不喜欢阅读，根本的原因，是识字量不够，阅读时障碍重重，就无法享受到阅读带来的快感。就像你想自驾游，但你拥有的，是一辆毛病百出、随时抛锚的老爷车，你还愿意上路吗？不会的，除非换了车，或者这辆车被彻底改造过了。

这也是为什么学前和小学低段，提倡读绘本的理由。在儿童还不怎么识字的时候，绘本就是故事最好的载体，儿童可以借助图画，在故事中遨游。同样地，在儿童能够自由阅读之前，老师或父母，养成为儿童大声朗读的习惯，也是特别好的一种促进阅读的方式。学校的生活，不一定充斥着写字和作业，同样可以每天抽出一定的时间，例如 20 分钟，或者在语文课还有些空余时间时，拿起一本书读给儿童听。在故事中浸润过的儿童，比在教训中浸泡过的儿童，更自信，更润泽，智力发展也必然更好。

当然，低段本身就是一个需要刺激儿童大量识字的时期。如果是识字量妨碍了阅读，那么，最健康的方式之一，就是尝试"长文挑战"课程。精选一些难易适中或偏难的故事，可以来自绘本故事的文字版，可以来自诸如《安徒生童话》之类的作品，采用包括指读在内的一系列方式，帮助儿童挑战朗读，完成音形义的对应。如果有二三十篇这样的训练，那么，儿童的识字量和阅读能力，就会发生一个根本性的变化。

二

也有些儿童不喜欢阅读，跟生命气质有关。

例如，有些儿童更喜欢艺术，有些儿童更喜欢身体运动，有些儿童喜欢动手操作……哪怕喜欢阅读的儿童中，有些儿童喜欢知识类或科普类阅读，例如《小牛顿科学馆》或兵器谱之类，就是不喜欢文学作品。而且这类儿童，往往天赋智商是比较高的。他们对智力刺激的要求是直接的，而不希望缠杂着太多的情感成分。

这是正常的。通往罗马的道路不止一条。在人格和智力发展的道路上，有人偏于诗，喜欢文学作品，以之作为必要的途径，这是非常好的；有人偏于思，喜欢动手操作，喜欢直接思考，通过交往来学习，以之作为必要的途径，这也是非常好的。这种差异性，应该作为健康的情形接受下来。毕竟，正如罗素所说的："须知参差百态，乃是幸福之源。"

但是，教育的意义在于引导，在于让生命保持必要的平衡感，以拓展生命的可能性。喜欢吃清淡食品的人，不妨鼓励偶尔尝尝湘菜和川菜；无辣不欢的伙伴，则不妨偶尔尝一尝清淡的食物，感受一下食材的本味。同样地，带有理工倾向的儿童，也不妨多读一读文学作品。有人说，爱因斯坦、普朗克和哈恩，三个人就可以组成一支水平很高的演奏小组，爱因斯坦拉小提琴，普朗克弹钢琴，哈恩进行伴唱；伽利略是天文学家、诗人与文学批评家；开普勒是天文学家、音乐家、诗人；巴斯德是生物学家和画家；诺贝尔是化学家、诗人、小说家；达·芬奇是文艺复兴时期著名的科学家和画家……最早揭示疟疾的奥秘的美国科学家罗斯获得 1902 年诺贝尔医学奖，他的爱情小说《奥莎雷的狂欢》是当时美国十大畅销小说之一。

换句话说，一个理工类型的儿童不喜欢读文学作品是自然的，但绝不是自由的。教师的意义，就在于通过引导他们喜欢并阅读一定数量的文学作品，来丰富他们的精神与人格，并且，对他们未来的理工学习乃至于一生的创造性，都会产生潜在的影响。

三

有些儿童不喜欢阅读，则是父母和老师造成的。

儿童阅读，是儿童生命的一种自然需要。在阅读故事中，儿童通过自居作用，同时进入情感的丰富与理智的进化之中。换句话说，在潜意识中，儿童的情感变丰富了，细腻了，更有弹性了，而儿童的理智，则变得更深邃和多元了。更重要的是，儿童的人格也通过故事得到了发展，变得更有原则，更能区分善恶。

父母和老师，则往往会焦虑：

你读一本书，究竟收获了什么呀？

你读那么快，究竟读懂了没有？

甚至于会提出一些不恰当的任务。例如：

圈出好词好句，然后积累下来；

这本书到底讲了一个什么道理？写下来或告诉我们；

读完一本书，要写下你的收获，写一篇读后感吧。

我们假设一对男女在谈恋爱，相互含情脉脉地看着对方，一切尽在不言中……然后其中一个人说了："你说你很爱我，能不能证明给我看？"我估计，分手的概率会非常高。因为当一个人，靠的不是自己的感受，而是对方的"证明"，来获得爱的许诺的话，那么，他的内心，该多么的没有安全感啊！更重要的是，他并不是在爱，他只是在恐惧。问题的关键不在于爱的证明，而在于爱的能力的匮乏。

当儿童沉迷于一本书的时候，他的大脑处于活跃状态，这意味着，学习，并且是高品质的学习正在发生。在这种情况下，为什么还需要写读后感来证明？为什么要把生动的人格熏陶转化为教条化的所谓道理？一旦这样要求儿童，那么，阅读的兴趣就会大大地减弱。

所以，父母和老师，不要做儿童阅读兴趣的杀手。

让阅读回归阅读本身，让阅读像呼吸一样自然。

四

这并不是说，父母和老师，就不应该干预儿童阅读。因为还有两种情况的不喜欢阅读，需要引起特别的注意。

一是有些儿童，家庭没有阅读环境，自幼没有形成阅读的习惯，因此，对书籍是麻木的。如果喜欢上打游戏，玩手机，就更是雪上加霜，对文字阅读极不耐烦。二是有些儿童，阅读始终停留在舒适区，不愿意挑战高于自己现有水平（但又在发展区之内）的童书。

这两种情况，都需要进行干预。

怎么干预？

首先，是创造良好的阅读环境。良好的阅读环境包含哪些要素？丰富而健康的书籍储备、固定且有规律的时间保障、远离电子产品等干扰的阅读环境、共同阅读的同伴环境（例如父母或同学）。如果是在学校里，最好有固定的阅读时间，所有人都在阅读；如果在家庭里，最好有固定的时段，不受干扰或亲子共读。

如果有了良好的阅读环境，要激励阅读，可以把外部激励和内部激励结合起来。

什么是外部激励？

一是定期的阅读庆典。

在必要的时候，可以进行阅读量的常规统计，每周、每月、每学期举行庆典，表彰三类儿童：一类是阅读量特别大的儿童，一类是阅读品质特别高的儿童，一类是阅读进步特别大的儿童。可以设置相应的奖项甚至奖励，并让儿童分享经验。

二是发动常规的阅读冲刺，尤其是在二三四年级。

什么叫阅读冲刺呢？就是对书目进行分级，难度越大的书，级别越高。每一个级别，都有一个书目并有底线的阅读书目。儿童可以根据自己的情况不断地挑战，看谁率先达到最高级别。这一策略，可以跟阅读庆典结合起来，以激发儿童的成就感。同时，也避免了儿童总读自己舒适区以内的相对比较低幼的图书。

三是通过导读来诱发。

导读，不是指所谓的导读课，而是指日常利用语文课，以及其他空闲时间的一种巧妙的好书推荐。目的不是剧透，或者故事概括，而是引发阅读的愿望。导读的艺术，就在于讲好故事开头，让儿童能够对故事发生兴趣，对故事中涉及的主题发生兴趣，进而有继续阅读的愿望。一般来讲，几分钟，就可以完成一本书的导读。一个月导读几本书，对整个班级阅读的指引意义，是不可低估的。

四是用故事会的方式，主要适合于低段。

讲故事大赛或故事会，会引导儿童深入一个故事，从而提升儿童的阅读力，提升进一步阅读，尤其是阅读更难的故事的兴趣。

五

什么叫内部激励？

就是通过整本书共读，把儿童不断地带入最近发展区，让儿童对真正的好书，产生强烈的兴趣。

在自然状态下，许多儿童会偏爱宣泄类童书，就像成人喜欢通俗文学。内部激励的目的，就是让儿童喜欢上带有引导性质的童书，就像让成人喜欢上严肃文学一样。毕竟，让儿童喜欢上阅读的潜台词，是让儿童喜欢上好书的阅读。

整本书共读的策略非常简单，就是通过不断地追问，帮助儿童看到书中隐含的冲突与主题，以及童书与自身生命的深度关联。这样，儿童就会产生深刻的兴趣，也会在老师的示范和引领过程中，逐渐学会向好书提问的技巧，这本身就是文本解读的技巧。

例如，儿童可能并不喜欢《青鸟》这样的作品，但是，通过对"幸福是什么"的不断追问，高段儿童就有可能被带入对人生根本问题的一种思考中去。因为这种思考，实际上从类似于《花婆婆》这样的绘本就开始了，儿童并不是毫无理解基础，所以，这种讨论，就容易引发儿童深刻的思考，从而激发儿童对类似的作品的兴趣，或者说，提升这方面作品阅读的意志力。

毕竟，真正的兴趣，必然来自作品本身。外部的策略，只是一种过程中的手段。

说了这么多，怎么让儿童爱上阅读这个问题，有没有一个"终极大法"呢？

有。

那就是老师自己爱上阅读。

为什么要海量阅读？

在《当孩子阅读故事时，他的内心在发生着什么》一文中，我们提到，当儿童在阅读故事时，他的精神世界正在发生变化，人格在成熟。这是从精神发育的角度来讲阅读的意义。阅读的意义不止于此，阅读同时对儿童的智力发展有着显著的影响。前提条件是，必须保持足够数量的阅读刺激。

这就是我们今天要讲的"海量阅读"。

一

那么，阅读与智力之间，究竟是怎样的关系呢？

我们通常讲到"智力"，想到的，是"数理—逻辑智能"，容易把数学看成是与智力发展关系最为密切的学科。但是，还有一种智能非常重要，和"数理—逻辑智能"一样，是人类智力的基础，这就是"语言智能"。

"数理—逻辑智能"是以抽象能力的发展可能性为前提的，因此，这种智力的成熟晚于语言智能的成熟，要在青春期，即儿童进入皮亚杰所谓的"形式运算阶段"以后才有可能。小学阶段的数学，更多的是以动作和经验为基础的前数学，而不是完全形式化的数学。在小学阶段，语言智能的发展更为重要，因为人类经验的交流与传递，多数时候是以语言（口头或书面）来表达的。

那么，究竟什么是"语言智能"呢？

语言智能可以理解为一种语言与意义之间的转换能力或者说翻译能力。举个例子，我们在读小说的时候，头脑中显现出来的，并不是文字，而是有意义的连续画面，这就是一种转换能力。同样，我们在写小说的时候，把头脑中的形象，准确地用语言表达出来，也是一种转换能力。我们在听别人演讲的时候，能够迅速地把握要点，理解别人思想的精髓，这是一种转换能力；我们能够准确地将自己的思想用口语表达的方式传递给别人，这也是一种转换能力。

解读经典，或者创作诗歌之类的文学作品，需要的是高级的转换能力，往往是专业的学者或作家的功夫。但是作为一般人，需要有基本的理解和表达能力，即能够快速地、不假思索地完成从语言到意义之间的相互转换。我们把这种能力，称之为自动化转换能力，可以分为自动化阅读能力、自动化写作能力、自动化表达能力。

海量阅读，从智力发展的角度，主要培养自动化阅读能力。

"自动化阅读"是苏霍姆林斯基提出来的一个概念，苏霍姆林斯基说：

> 在小学里，你要教会所有的儿童这样阅读：在阅读的同时能够思考，在思考的同时能够阅读。必须使阅读能达到这样一种自动化的程度，即用视觉和意识来感知所读材料的能力要大大地超过"出声地读"的能力。前一种能力超过后一种能力的程度越大，学生在阅读时进行思考的能力就越精细——而这一点正是顺利地学习和整个智力发展的极其重要的条件。我坚定不移地相信，学生到了中年级和高年级能不能顺利地学习，首先就取决于他会不会有理解地阅读：在阅读的同时能够思考，在思考的同时能够阅读。

二

怎么理解"自动化阅读"？什么叫"在阅读的同时能够思考，在思考的同时能够阅读"？

我们打个比方。如果你想用电脑熟练地写作，那么，你必须经历两个阶段。第一个阶段，你得学会打字；第二个阶段，你在写作的时候必须忘记你在打字，即打字完成了自动化。当然，在你学会打字的时候，你并不是机械地练习打字，你可能仍然是写作,不过速度慢一些,而且,你的重心并不是在写作上,而是在打字上。但当打字熟练到一定的程度,你就完成了一个转化。在你学习打字的时候,打字对你首先是知识,例如每一个字的编码(我们假设你学习的是五笔);在你能够熟练打字的时候,打字对你来说,从知识转化为技能。这时候,你很可能逐渐忘记了编码,但是,技能却通过肌肉记忆巩固下来了。这时候,我们可以说,你忘记了知识,但形成了能力,我们也可以说,关于打字,你已经自动化了。一旦打字达到了自动化,你在写作的时候就可以一边打字一边思考。当然也可以说,你是在一边思考一边打字。

另一个例子,是开车。同样地,你必须经历两个时期,一个时期是学习开车,这时候你必须去学习关于车辆的知识,以及关于开车的知识,关于交通法规的知识。另一个时期,是你的注意力根本不用放在开车上,你对于交通法规的反应也达到了自动化,这时候,车辆就成了你的工具,你可以自由地自驾游。

对儿童来说,语言是最重要的工具,是人类文明最重要的载体。多数时候,儿童是通过语言来思考的,是通过语言来理解世界的。如果儿童不识字,那么,再经典的图书,对他来说,也只是一块砖头而已。如果儿童虽然识字,但是无法达到阅读自动化,即眼睛看着文字,书中的内容自动翻译为思想或画面,那么,儿童的理解力就会受到严重的影响。这种情形,就像打字没有自动化,影响写作,开车没有完成自动化,影响自驾游一样。

为什么许多儿童小学高段数学不好?一个重要原因,是读不懂题目。阅读没有达到自动化,加上工作记忆容量有限,结果影响了大脑的加工能力。这时候,妨碍数学能力的,竟然是阅读。阅读能力不足,直接影响高段以及中学的所有文化课成绩,这是被无数次证明了的,也是苏霍姆林斯基反复强调过的。

三

那么,阅读如何达成自动化?

如果要顺利地写作,必须完成打字的自动化,而打字自动化如何完成?则需要有大量的打字实践,若干个小时的刻苦练习。阅读也是如此。要形成阅读自动化，就必须经历大量的阅读，通过大量的阅读来刺激。如果说，打字自动化，形成的是一种书写感觉，开车自动化，形成的是一种对驾驶的感觉，那么，阅读自动化，形成的则是所谓的语感。这种语感，就是自动化之后表现出来的一种对语言的直觉。

当儿童进入学校，开始正式地学习书面语言，学习阅读与书写，就像作家练习打字，司机练习开车，这是一个非常重要的必经阶段。这个阶段的品质，对一生的学习，都有深刻的影响。你无法想象一个打字水平很菜的作家，或者一个终生驾驶，但技术很差的司机。可惜的是，在阅读方面，这样的成人，比比皆是。

那么，小学阶段，怎么练习？到底需要多大的训练量，才能满足要求？

小学低段，阅读当然很重要，数量也很重要，但这一阶段的重点，是构建意义和增加识字量，因此，在儿童识字量不足的情况下，会从绘本阅读、桥梁书阅读向初阶童书过渡。如果需要特别地加强识字量，可以通过长文挑战来实现。无论如何，识字是低段的重心，为阅读奠定了基础。

有了低段识字量的基础，中段才是形成自动化阅读能力的关键时期。这一时期需要有多少的阅读量呢？

苏霍姆林斯基在《给教师的建议》中，也有一个阅读量的建议：

> 为了使学生学会有表情地、流利地、有理解地阅读，使学生在阅读的时候不要去思考阅读过程而是思考所读的东西的内容，那就必须使学生在小学学习期间花在朗读上的时间不少于 200 小时（包括课内和课外），而花在默读、视读上的时间不少于 2000 小时。教师们把这件工作在时间上加以妥善分配。

2000 小时是一个什么概念？在正常阅读速度下，达到自动化阅读能力的儿童，可以在 2 小时内读完一本 10 万字左右的中等水平的童书。那么，整个小学阶段，儿童需要阅读的书籍，不少于 1000 本。假设忽略小学一年级，用五年来计算，则一年是 400 个小时；每学期 200 个小时；每学期按 5 个月计算，则每个月 40 个小时；每个月按 20 天计算，则平均每天 2 小时。如果把周末和寒暑假也计算在内，平均阅读时间，也将在 1 小时左右，说明阅读量是非常重要的。

根据研究，我们已经可以做出一些调整。所谓的海量阅读，主要集中在三四年级，每年的阅读量，不少于1000万字，大概100本书。两年下来，读到2000万字以上，大概200本书。

你可能觉得这非常多，几乎无法达成，但实际上，这里所讲的，还只是海量阅读的一个底线。一半以上的学生，在正确的指导下，阅读量甚至可以达到2000万字/年以上。

如果三四年级学生的阅读量足够，那么，自动化阅读就会顺利过关。这时候，五六年级就没有必要追求阅读量，而应该追求阅读品质，例如经典研读，甚至是文言学习。如果限于条件，三四年级阅读量不够，那么，五六年级可以继续加强阅读量。

四

海量阅读的目的，是儿童在短时间内快速地阅读文本，同时完成思考和理解。就像我们在读小说的时候，往往一目十行，但是精彩的情节，如在目前，这就是阅读自动化的表现。所以，海量阅读的关键，是兴趣和速度。父母和老师，如何推动儿童不断地拾级而上，完成从数量到质量的不断挑战，是最重要的。

教师如何创造好的阅读环境，保证充裕的阅读时间，让儿童从初阶童书入手，不断地迈向更为复杂的高阶童书，同时让儿童不断地提升阅读速度，并且爱上阅读，让阅读，像呼吸一样自然，这才是课程的关键。

需要说明的是，海量阅读，并不是速读。

速读的目的，是快速地完成信息提取，这在现代社会是非常重要的能力，尤其是信息类文本，例如科技说明文之类的阅读。但海量阅读的主要材料，是文学作品。我们读小说的速度的确很快，但不是速读，因为我们不是要撮小说的信息，而是要享受小说带来的乐趣。

如果说小学阶段，在智力发展领域最重要的事情是什么，那么，毫无疑问是阅读。而在一切阅读类型或阅读课程中，海量阅读是最重要的。因为只有足够的阅读量，足够的语言输入量，才是智力发展的保障。不仅影响儿童当下的发展，而且影响儿童中学的发展，甚至影响儿童一生的发展。

附：从"自动化阅读"说起

昨天傍晚去某小学，参加《给教师的建议》读书会，讨论一个非常重要的概念，即自动化读写，尤其是自动化阅读的问题。

显然，这个问题的讨论，很难一次完成。而自动化阅读的问题，也正像许多概念一样，是不需要记忆的，但是必须通过无数活的事实来理解，并随着事实的拓展而逐渐加深，此之谓"学无止境"。

回来路上，思绪万千，将这些思绪记录下来，希望能给大家以启发。

一

关于自动化阅读能力，《给教师的建议》中有这样几段论述：

> 小学面临着许多重要任务，而其中占据首位的任务就是：要教会儿童学习。你主要操心的事情之一，就是要在儿童应当掌握的理论知识分量跟实际技能和技巧之间，确定一个正确的相互关系。

在小学里，你要教会所有的儿童这样阅读：在阅读的同时能够思考，在思考的同时能够阅读。必须使阅读能达到这样一种自动化的程度，即用视觉和意识来感知所读材料的能力要大大地超过"出声地读"的能力。前一种能力超过后一种能力的程度越大，学生在阅读时进行思考的能力就越精细——而这一点正是顺利地学习和整个智力发展的极其重要的条件。我坚定不移地相信，学生到了中年级和高年级能不能顺利地学习，首先就取决于他会不会有理解地阅读：在阅读的同时能够思考，在思考的同时能够阅读。

苏霍姆林斯基的意思可以概括如下：

1. 要教会儿童学习。儿童在高年级学业落后，往往是缺乏学习能力的结果。儿童要学习的知识的分量的增加，要与学习能力的增长成正比。如果学习能力没有增长，但要学习的知识却成倍地增加（越往高年级增加速度越快），那么儿童就会消化不了，学不动。所以当儿童出现学业严重落后的现象时，不要急着把他无法掌握的知识一股脑地塞给他（往往只能用死记硬背的方式），而要检查他是否缺乏相应的学习能力。

2. 学习能力是个很具体的概念，包括许多很具体的能力（详见《给教师的建议》第49、68、74条），在这一切能力中，最重要的是五种能力：读、写、算、观察、表达。在这五种能力中，最重要的能力，是自动化阅读能力（不同于我们日常所说的"阅读能力"，而是阅读能力中更为根本和基础的能力）。

3. 自动化阅读能力，就是"得意忘言"的能力。我们在读小说的时候，是以语言为媒介的，但是我们的知觉却只是以语言为工具而"忘记"了语言的存在，感知到的，是小说中的悲欢离合。这就是因为我们具备了自动化阅读能力。我们用工具去解决问题，注意力会集中在要解决的问题上，而不会集中在工具上，除非是一个对工具使用很不熟练的新手。

学校里的学习，大半是以文字为载体的。因此，能够熟练地使用文字这一工具，而不像一个新手一样被文字本身弄得手忙脚乱而来不及考虑文字所承载的东西，是高年级学习成败的关键。

所谓的自动化，就是"日用而不知"，是在阅读时只需要分配极少的注意力于文字，更多的注意力分配于文字所表达的思想或形象上。

儿童一旦不认识或不理解词语（主要是后者），就会将大部分注意力集中于词语上，而无法更好地感知和理解材料内容。这就像我们普通人可以自如地说话，注意力不集中于语言上，而是集中于所要表达的思想上，但是对一个严重结巴的人来说，他不得不费许多精力在语言表达上。所以自动化阅读能力的缺失，就是一种智力上的结巴现象的表现。

培养学生的自动化阅读能力，是小学低段的主要任务，通常在中段结束后必须达成。

二

那么，如何培养自动化阅读能力呢？

很显然，只能在使用工具的过程中掌握工具，只能在阅读的过程中学会阅读。

这种过程，从识字教学就必须开始（显然，识字量是阅读能力的物质基础，不认识一定数量的字，阅读能力无从谈起）。

首要的，是防止机械识字。机械识字，是将有意义的字还原为还不理解其意义的抽象符号，是死记硬背在识字中的表现。这样认识的字，是缺乏生命的（因而也是死的，无情感的），纵然勉强堆积在大脑中，到具体的语境中出现时，也像一个中国偏远地区的乡下人，突然被放在了纽约市中心，全然手足无措，无法与周围的环境建立起有意义的联系。

为什么孩子在识字之前，必须先听大量的故事？尤其是妈妈或奶奶讲的故事？因为这是学习所必经的浪漫阶段，在认识字之前，字的形象已经活跃在大脑中了。这样，到了识字的阶段，这些字能够迅速地与头脑中的故事建立起联系从而被放置在一个有意义的结构中——没有这个结构做背景，字将像仓库里堆积的货物一样毫无意义。

大多数（我觉得现在可以这样下判断了）被判定为弱智的儿童，都是智商正常的儿童，他们所表现出的智力上的落后，几乎都是在学龄前这种有意义的前学习缺失的结果。这种浪漫阶段的贫瘠甚至缺失，使他们根本无法理解学校里的知识。

在苏霍姆林斯基的学校里，为什么要开展思维课？

思维课的主要目的，就是让词语活起来。词语是死的，自动化阅读便无法形成，自动化阅读无法形成，将阻塞学生的学习之路。

除此之外，大量的阅读，也是形成自动化阅读能力的必由之路。喜欢阅读的孩子理解力较好，学起来轻松，这已经是常识。这种阅读，从无字书到绘本，再到整本书，应该成为儿童学习的重要组成部分。哪所学校在低中段忽略了阅读，哪所学校在高段的教学质量必定不高。

所以苏霍姆林斯基在《给教师的建议》中不断地说：阅读、阅读、阅读……

三

与大量的默读相对应的，是朗读。

苏霍姆林斯基高度重视朗读在培养自动化阅读过程中的重要地位。为什么？

我们先从默读说起。

真正的阅读能力，主要是无障碍的默读能力，苏霍姆林斯基这样描述：

> 所谓流利地、有理解地阅读，这就是一下子能用眼睛和思想把握住句子的一部分或整个的较短的句子，然后使眼光离开书本，念出所记住的东西，并且同时进行思考——不仅思考眼前所读的东西，而且思考到与所读材料有联系的某些画面、形象、表象、事实和现象。

怎么理解这段话呢？

人在阅读的时候，貌似字是一个一个地跳进大脑中的，其实不然。你在读一个字，一句话，一段话的时候，就对下一个字，下一句话，下一段话乃至于后面更多没有读到的内容，有一个"阅读期待"，或者说是一种猜测，这种猜测会影响到你在语境中对这个字或词语的判断，并影响到你调集起的相应的情感。你没有读到的内容，已经通过你的猜测在影响着你的理解和情感。就像读一部悲伤的小说，你还没读到主人公死，但你已经预感到了，所以不等读到主人公的死亡，你已经积蓄了悲伤。当然，经常有例外，主人公偏偏没死，这是作者与读者之间的游戏（或者说斗争），是另一个话题。你的猜测永远可能落空或偏离，而阅读的过程，就是不断调整"阅读期待"的过程。阅读的水平，在很大程度上体现为猜读的水平。最高明的读者，甚至读了开头，就已经能够想到结尾了。

显然，"流利地、有理解地阅读"，儿童是不受词语束缚的，所有的词语不是单个地或一个一个地，而是在一个正在逐渐完成的、越来越丰富和清晰的结构中被不断地理解的。这确实有点像织毛衣，正在织的每一针都不是孤立的，一方面它如何织，放在哪里，受制于已经织成的"结构"，另一方面，又受制于对完整的毛衣的想象（期待）。

那么朗读呢？

朗读是出声地表达自己的理解。所以朗读的优势是，因为是出声的，它因此就是一种强迫的阅读训练（默读时可以长久地停下来，朗读则不行），也因为是出声的，所以便于教师对学生阅读水平和理解力的观察了解。因此，它成了有意识地精确训练自动化读写能力的重要方法，这也是低中段朗读作为核心目标的重要原因。

与朗读相应的，不能完成自动化阅读的出声读的方式还有指读和吼读。相形之下，后两者处理信息的方式不是结构化的，而是平均化的。在平均化处理信息的方式中，是不包含理解的。

大家不妨想象一下机器阅读和人脑阅读的差别。机器阅读的特点是，它是受程序控制，无须理解，一个字一个字发音，在字与字之间平均分配资源的。机械不能理解，更不能根据词语的上下文来调整读音。这是一种极端的"指读"。

但朗读则不同，在朗读时，你必须对每个字的发音做出独特的处理：高或者低、长或者短、悲伤或喜悦……这种处理，受制于上下文，以及你的理解。不仅受制于已经读过的部分的理解，还受制于未读过的部分的猜测性理解。机器阅读一万篇文章也是一个调子，而人的朗读则是一种艺术，面对同一篇文章，没有两个人会有完全相同的朗读。

四

但是有一种伪朗读，很有市场。

本来，朗读的好坏，取决于两方面的因素：一方面是形式因素：音质、音色、普通话水平以及各种文体的朗读规律（例如诗歌的平仄）。另一方面是内容因素，主要是对朗读内容的深刻的和独特的理解。

朗读的本质，就是用声音传达对材料的理解。

晨诵的奥秘，即在于此。晨诵的最高境界，就是用声音让一首诗歌的真理得以显现。这是一种直观，一种通过声音将意义表达出来的高级艺术。理想而永远无法抵达的境界，是言与意的完全合一。那些最卓越的晨诵者，甚至，会根据理解来修正语言——为什么有些晨诵诗歌在运用的时候会需要一定的改写？改写的目的，是为了让诗歌的意义在当下，在你的教室里更好地实现。

在这里，是理解决定了形式，甚至决定了用怎样的语言。理解的目的是传递意义与结构，意义就是结构。

但是伪朗读，是避开意义深度的朗读。伪朗读也能感动人，就像泡沫剧能感动许多家庭主妇一样。因为伪朗读施加于人的是一种表面的形式的刺激，而不是从思想深处涌现出来的震颤。

许多人喜欢读经运动，觉得"朗朗上口"，就是因为读经运动中的朗读，有震撼的效果。所以大家有没有注意到，中小学的读经，往往喜欢齐读，或者采取齐读的方式呈现读经效果。整齐的、统一的、大声的、平仄和谐的吟诵，让所有人（包括学生、老师和观摩者）为之震撼！而学生的精、气、神确实也会因之而汇聚并表现出来。至于这种精、气、神能够保持多久，用来做什么，对学生的精神究竟产生了怎样的影响，是没人追问的。这种现象，是形式主义登峰造极的体现，可以形容为阅读的广播体操。

想想看，怎样阅读一首诗？

"平长仄短，依字行腔不变调。一三五不管、二四六分明，押韵尾字拖长"？

你读读《静夜思》吧，读读《饮湖上初晴后雨》吧。你能靠这些外在的东西读出诗歌的内在意义吗？能读出那浓浓的思乡之情，读出苏轼那阔大的精神境界吗？

永远不能。

我曾在微博中这样批评：

> 这种吟诵方式，其背景是哲学上的二元论，心理学上的官能心理学，以洛克为代表，与新课程背道而驰，也为杜威和苏霍姆林斯基所反对（注：这其实就是曾风靡欧美200年之久的形式训练说）。

因为渐渐离题,就不展开了(甚至,这些可以清晰地通过脑科学的研究来阐明)。

五

自动化读写能力,只是形形色色的自动化能力中的一种(但却是小学阶段最重要的一种)。

更广义的自动化能力,还有一个名称:默会知识。

默会知识,就是知识的自动化。我们生存于世,拥有多种多样的知识,绝大部分知识,都是已经自动化了的。

一个小孩子降生于世,面对一个完全新鲜的世界,充满了好奇。他必须开始学习,认识周围事物,学习说话,走路,然后上学读书……在这个过程中,他的注意力不断地转移,陌生的知识不断地为熟悉的知识,熟悉的知识又成为获取新知识的基础。这个过程,就是知识不断地转化为能力的过程。

设想一个场景:当你离开家,开车去超市买东西。在这个简单的行为中,蕴含了大量的知识。有关开车的知识、有关道路的地理知识、有关超市的知识、有关商品的知识,还包括许许多多的交往知识等。但你从来没感觉到困难,因为这些知识全部已经自动化了(再想一想,如果你突然被时空穿梭到了异国的街道,想找个超市买点东西,你就会非常狼狈)。

自动化阅读能力,就像你的开车能力,车技不熟练,做什么事情都会受到制约,阅读不能达到自动化,获取知识就会发生困难。

而学习的过程,就是不断地利用熟悉的知识(工具)获取新知识的过程。而不断地学习,就是新知识不断转化为工具,又用来获得更新的知识的过程。在这个过程中,知识处于不断的运用中(现在认真想想为什么苏霍姆林斯基坚决反对死记硬背)。

今天我们聚焦于苏霍姆林斯基教育学课程,不断地学习,并努力通过运用加深理解,但我们还像一个初次学习开一辆叫《给教师的建议》的高级跑车的蹩脚的司机。我们不够熟练,甚至常常出现危险,不但撞坏了车子,还把自己撞得灰头土脸。难免有些人会想,还是骑自行车更安全,甚至更快一些。

但你会放弃学习一辆跑车，去仍旧骑自行车吗？

六

如果你将知识的含义再扩展一下，你会发现，自动化无处不在。它还有另外一个名称：习惯。

许多优秀的小学老师都明白建立班级常规的重要性。学生在学校里的许多行为都要进行一定的训练使之达成自动化。举个小小的例子，你是否要求学生经常性地整理书桌，并在下课后立即将下一节课要用到的材料放在桌上，而将无关的材料收起来？这种训练，能够有效地避免上课受到影响。有不少孩子，老师已经站在教室里了，还哗啦啦地翻书包找课本，或者要做作业了，才想起没削铅笔。很显然，这种常规的要求和训练，越达到自动化，学生的注意力就越能够集中在学习上，而不是被低级错误所干扰。

当然，这里不是没有危险，习惯越过了界限，就妨害了学生的自由，也就妨碍了有意义的学习。如何把握其中的分寸，是一项极高的艺术。

比行为习惯的训练有素更重要的，是思维的训练有素。思维的自动化，与阅读的自动化，原理是一致的。它能够协助学生迅速地锁定问题，进行深入思考，而不是漫无边际地在周围打转（这是一个太重要的话题，这里先不展开）。

甚至于，对教师而言，爱也有自动化的成分。成熟的教师对学生的爱，不是"老母鸡"式的爱，而是一种对常人的爱的控制，是一种被职业化了的爱。因为普通的爱，是一种不加控制的激情，并且，有亲疏远近之分，在"发作"时也会受到情绪的影响。而爱的自动化或职业化意味着，你不能像高扬的水龙头，而应该像渗灌。就是说，你对学生的爱会各有不同，这是人之常情，有些学生确实更讨人喜欢。但成熟的老师，会避免对某些学生（尤其是优等生，对差生反而要偏爱一些）流露出过分的喜爱，也要避免有过分亲昵的行为，包括避免建立远远超出师生关系的亲昵关系。教师的爱像是阳光，是"普照众生"的，并且是力求公平的。这是一种埋智的爱，包括对差生的关心，也是理智的爱的结果。只有理智的爱，才容易将学生的错误与学生本人分离开来，真正有可能做到"对错误零度宽容，对灵魂无限爱护"。

更广泛的，教师的专业发展，也是一个不断地提升自动化水平的过程。只有自动化水平不断地提高，注意力才能更多地分配于创造性的目标上，否则，就只能被困于低级事务。

与自动化相联系的，还有许多重要概念：节奏、秩序……

自动化是一种纪律，这种纪律确保了注意力分配于更高级或更重要的事务上。例如，你如果完成了更多知识的自动化，那么课堂上你的注意力就能够分配于学生的学，以及与学生共同挑战的核心知识上。

没有自动化（纪律），就没有自由与创造。

七

自动化，是一种必要的沉沦。

即让已经掌握的知识（包括道德、习惯等）不再成为你的注意力的焦点，而是转化为积极的支持性的背景。

甚至生活也是如此。许多伟大人物的生活都非常简单，相当规律化。因为他无法同时聚焦于饮食和伟大事物，当伟大事物占据了他的头脑，激发他不断创造的时候，他对生活的要求必然是简单而规律化。你能想象一个科学家经常性地数小时沉溺于一顿饭之中吗？

你能走到哪里，取决于你全部的注意力朝向哪里。

当许多琐屑之物占据你的头脑时，你无法成为创造者，你被低级程序困住了，就像一个正学习阅读的孩子，面红耳赤结结巴巴地被文章中的生字困住了一样。

显然，如果这些琐屑之物事关生死存亡，无论如何，你必须停下来聚焦它、解决它。但是，当你滞留于此，你将成为它的囚徒，而无法拥有自由。

八

与自动化相对的，是陌生化。

一切未被掌握的知识都是陌生的，因此会成为焦点，直到它从陌生变得熟悉，从显现转为沉沦，成为思想的大地中肥力的一部分。

但是陌生化是什么意思呢？

陌生化，就是让熟悉的东西重新变得陌生。沉沦的大地，只有经过一次次的翻耕，才能变得更为肥沃。

通过陌生化，对熟悉的语言的深度聚焦，就形成了文学；通过陌生化，对熟悉的动作的深度聚焦，就形成了舞蹈。是陶渊明让田园变得陌生，是梵·高让农鞋变得陌生。一次次的陌生化的结果，便是知识，或世界在我们面前一次次地重新诞生……

包括文化也是如此。当儒家文化在自动化的过程中渐趋沉沦之际，拯救文明之道，不是以基督教取代之，而是通过回到原初生机，通过陌生化，使之重新焕发生机，恢复对文明的滋养功能。

绝大多数知识的学习，往往不是一次性的，而是反复地经历"浪漫—精确—综合"的循环，并在这种循环中逐渐加深的。哪怕是最简单的汉字，你在小学阶段已经掌握的汉字，也会在某个时刻忽然变得陌生起来，像沉埋于泥土中的文物，你需要运用词源学的铁锹，才可能让它重新被熟悉，但这是一种深刻的熟悉。

在学习中，这种过程，其实就是另一种形式的能力与知识相伴而增长的过程。

新的自由，需要新的纪律。

所以一方面要消除陌生化而努力自动化，一方面要打破自动化而努力陌生化。只停留于自动化，生活会因为过于僵化而缺乏创造，人也将渐渐地失去自由；一味地陌生化，生活将迷失于频繁的新鲜刺激中而无法积聚能量，人也将因为丧失同一性而趋于虚无。

显然，从苏霍姆林斯基出发，我的思绪已经飘出太远了。

但对我来说，这些概念都不是空洞的，如果沿着概念的根须走下去，必然触及更宽广的领域，一直触及存在。

一切知识，最终都是作用于存在，使存在不断地显现。

于是，有了价值，有了激情，有了意义，也有了自由。

怎么管理好一个图书角？

许多人都说过，如果有天堂，天堂应该是图书馆的模样。不过可惜的是，儿童通常是没有时间去图书馆的，阅读也主要不是在图书馆完成的。图书馆的功能也在发生变化，更多的是一个藏书之地，是一个课程与活动的空间。

所以，比图书馆更重要的地方，实际上是图书角。

为什么？除了没时间去图书馆，图书馆也没有办法满足"全民借阅"带来的需求。要推动所有儿童阅读，尤其是海量阅读，必须让图书触手可及，图书角的重要性，就在于此。

图书角虽好，但是不易管理，有一系列的问题有待解决。例如：

图书从哪里来？

如何确保图书角的书不流失？

怎么能让图书角的图书得到充分利用？

一

图书角的书，可以逐步配备，逐渐丰富。但是，图书角的书，每年达到什么数量，才基本够用呢？

答案是 200~400 本之间。每本书以 30 元计算，每个班级以 40 人预计，人均下来，每年 150~300 元，每学期 75~150 元。对一个家庭来说，负担不重。这个数量的估算，是以三四年级海量阅读的标准来计算的。保持一定的弹性，是因为常用的书，不能只是单本。有条件的班级，仍然建议保持在 500~1000 本之间，就足够丰富了。

图书角不是图书馆，从所有权的角度讲，书是归全班学生所有的，因此，由学校购买图书不太合适。一个是数量大，一个是有一定丢失率，对学校来讲，这就是国有资产流失，校长头疼。因此，家长共建图书角，是一个比较可行并且经济的办法。要尽量说服家长捐赠，让家长意识到，这是一件特别经济实惠的事。在这里，要特别注意几点：

1. 要让家长意识到阅读的重要性，可以用家长信，家长会，以及其他方式，逐渐改变家长们的观念。

2. 图书捐赠必须是自愿的。哪怕最终家委会采用了分摊的办法，也必须是家长们一致同意。如果有家长不愿意，也不宜勉强，要尊重。否则，捐赠本身就变味了。

3. 购书通常建议由家委会来操作，避免瓜田李下。一定觉得老师专业，让老师购买，则要获得家长授权，或提前说清楚。并且，书籍尽可能从当当网买，并向家长晒电子发票。要防止因为财务问题，被个别家长投诉。

4. 捐赠主要用于图书，而不能用于书柜等，除非是家委会购买。平时图书放在纸箱子里都是可以的，能省则省。当然，通常建议学校配置书柜。

5. 书籍买到后，要高效率地使用起来，这样，家长就有了后续投资的动力。

我是不太赞成家长把家里的旧书拿来捐到班级里的。因为最珍贵的不是书，而是儿童的时间。放在教室图书角的图书，必须经过仔细的识别。哪怕家长捐赠资金，家委会操作，也必须按老师提供的书单来购买。否则，一间教室的书籍鱼龙混杂，是得不偿失的。

二

怎么确保图书角的书不流失？

实际上，流失是一定的。要确保图书角的图书不丢失，就要有严格的管理和借阅制度，这会大大地增加借阅成本，从而影响借阅率。如果儿童可以随时借阅而不必履行任何手续，又可能出现图书滞留在儿童手中，以及图书丢失等情况。

怎么办？

两害相权，取其轻。宁可有一定的图书丢失率，也不能增加借阅成本，除非图书数量不足，只能轮流看。

班级可以确定几条简单的借阅规则，例如：

1. 在教室里借阅，每次只能拿 1 本，看完后再换，不允许提前占书。

2. 平时放学回家，每天借阅绘本不得多于 5 本，借阅文字书不得多于 2 本；周末回家，借阅绘本不得多于 8 本，借阅文字书不得多于 5 本。

3. 当天借回家的图书，第二天或周末结束返校时，除允许保留一本正在阅读的书之外，其他图书必须归还。

4. 允许在图书上用心且谨慎地批注，但是，不允许乱涂乱画，更不能随意撕破或撕掉书页。

5. 上述规则，违反 1 次，两周内不得借阅；违反 2 次，一学期内不得借阅。

6. 图书若不慎丢失或损耗，请及时报告老师，由老师决定如何处理。

这 6 条规则，大体满足了儿童的借阅需求，也说清楚了各种特殊情况的处理办法。到了寒暑假，可以设置返校日，就图书进行交换。如果班级图书丰富或不足，可以对规则进行适度的调整。

那么问题来了，怎么落实？

无须落实，讲给儿童听，鼓励大家严格遵守。学校里不能一方面讲信任，另一方面总把儿童当成犯人来对待。一个规则出来，违反的总是少数，不能为了少数人，大量地增加监督成本，这是个观念问题。借着这个机会，要特意地给儿童讲清楚，不需要借阅手续，完全依赖于相互之间的信任。再扩展一下，就是一次人格教育的契机。同时，也要向家长温和地说明，让家长留意，家里如果有印有班级书章的图书，要知道规则在哪里。如果是自己孩子违反了规则，要督促纠正。

如果图书的确出现了丢失而且是大量丢失，就要启动调查。这往往是个别学生所为，而且，究竟是哪个或哪几个学生，老师往往是清楚的，就要加强观察，加强与家长的互动，以及相关的沟通。但是，不能在没有证据的前提下直接怀疑学生。

只要保持敏感，那么，一个学期下来，图书的丢失率，就可以控制在 20% 以内，这是可以接受的损失。

如果还不放心，或者觉得自己的班级文化没有发展到这样的阶段，也可以用更简单的办法解决。例如，设立班级图书管理员，每周有 1~2 个专职来管理。到了借阅时间（例如放学前），管理员值班，只要简单地登记每位同学拿了几本书就可以了。然后到了还书时间，再还回几本。图书管理员之间的交接，只是少一点图书总量。这样，极大地简化了程序。

三

通常情况下，要增加图书角图书的流通率，这是个关键任务。班上总有些儿童喜欢看书，天天看，也总有些学生没有兴趣。遇到这种情况，怎么办？

不妨试一试如下策略：

1. 给教室的所有图书，根据难易程度划分等级，每一个级别都有一个书单，这样就形成了书梯。上一个等级的规定书目读完以后，才可以挑战下一个等级。然后，每两周或每个月，绘制班级阅读地图，每个人的进步清晰可见。

2. 阅读打卡，并且规定一个每周或每月的最低字数（每本书的字数可以清晰地标明）。

3. 百万阅读庆祝会。阅读量每达到一个百万量级，就利用班会对相关的一批同学做一次庆祝，老师可以写颁奖词，并给家长发电子贺卡。

4. 举办读书交流活动，让学生上台分享自己的读书心得、读书方法、怎么利用时间阅读，以及对某些书的看法。

老师自己喜欢阅读也非常重要，可以经常与学生分享自己的阅读心得，经常讲到一些童书里面的内容。老师提到的书，儿童往往更倾向于去借阅。图书角的书，也不要一次投放，确保每周都能逐渐投放一些新书进去，这样，能激发学生持续阅读的兴趣。

每升入新年级，图书角的书就要经历一次更新。有一部分旧书要淘汰掉，也要增加新书进来。被淘汰掉的旧书，除了书籍本身变旧了之外，更重要的原因，是书的内容，落后于学生现有的发展水平。这部分图书，就要考虑有一个灵活的处理方法。当然，可以以非常便宜的价格卖给低年级，用获得的钱买一部分新书。但更好的办法，是举行一个仪式，郑重地将书转赠下一个年级的某个班级。这种仪式感，对两个班的儿童都很重要，这是一种传承，一种文化。如果这种转赠成了学校的一种习惯，这是多么美妙的事情啊。

要想做好儿童读写，教师应该读哪些书？

推荐书目是一件非常吃力不讨好的事。有人会嫌太难，有人会嫌太简单，有人希望经典，有人认为应该通俗，有人偏爱国产，有人偏爱国外，有人觉得应该增加理论作品，有人认为应该以实际操作型的书籍为主，不一而足。

但是，仍然打算推荐一个书目，经典并且难易适中，适合一线教师共读或者挑战性阅读。毕竟，有些书需要钻研才能读懂，如果这样的作品也不能推荐的话，那么，就不是一个真正想把这个领域搞明白的人。

我推荐的书，也非常特殊。比如，市面上大量流行的作品，往往不在我的推荐之列。我对作者的要求很高，既要在相关领域有精深的研究，又能够写得深入浅出。

如果非读不可，我推荐下列几本书，供大家参考。

一、《童话的魅力：童话的心理意义与价值》，布鲁诺·贝特尔海姆 著

我有一个观念，就是更愿意把童话归于心理学，而不是文学。因为童话和神话特殊的意义，许多从文学欣赏角度去探讨的作品，大都不得其法，解读童话和神话最好的工具，仍然是心理学，这本《童话的魅力：童话的心理意义与价值》就是如此。

在这本书的作者看来，学校的课程，是用来教授必要技巧的，不考虑意义。而大多数所谓的儿童文学作品，都是试图娱乐儿童或提供知识，或二者兼而有之。

童话之所以拥有魅力，是因为它以曲折的方式，揭示了我们，尤其是儿童的生存困境：

> 童话故事千方百计使儿童理解：同生活中的严重困难做斗争是不可避免的，是人类生存的固有部分——但如果一个人不是躲避，而是坚定地面对出乎意料而且常常是不公正的艰难困苦，他就能战胜重重障碍，取得最后胜利。
>
> （第8页）

为什么选择这本书？

哪怕你读完了《儿童读写三十讲》，你可能也以为，这些只是关于儿童读写能力的技巧，这是一个可悲的误解。儿童有自身的生存困境，因为这些困境往往是潜意识的，无法用语言来表达，所以很容易被忽略。但这些问题对儿童来说生死攸关，童话以自身独有的方式探讨了这些话题，能够帮助儿童更好地处理自身的问题，以及鼓励和帮助儿童找到出路，最终寻求到生命的意义。

这正是这本书的深刻之处。这是对童话的意义与价值的一种全面的梳理与回顾。

二、《女巫一定得死：童话如何塑造性格》，谢尔登·卡什丹 著

这本书在主题和风格上，与《童话的魅力：童话的心理意义与价值》相承，但是要轻松得多。它通过对女巫这个角色的分析，说明了童话的意义。

作者卡什丹更关心的是，如何利用童话故事，去帮助儿童处理特定的问题？这些特定的问题，并不是儿童在意识层面或意识世界里遇到的那些常见问题，例如怎么考个好成绩？或者朋友之间打架了怎么办？它处理的，是一些潜意识层面的根本主题，这些主题，是超越时代的，是每一代儿童都会遭遇的问题。例如：虚荣、贪吃、嫉妒、欺骗、色欲、贪婪、懒惰。我们习惯上称之为儿童的"七宗罪"，类似于儿童的"原罪"。当然，此外还有孤独、离家、恐惧等，虽然不是"罪"，却是儿童必须面对的重要问题。

因为这些分析，许多熟悉的故事在我们的眼中揭开了它们的面纱。

比如，《白雪公主》原来是一个关于虚荣的故事。我们看到了一个虚荣的继母，这是白雪公主的敌人，是白雪公主要战胜的对象。但我们知道，童话中的继母，都是亲生母亲的另一面。所以，真正的主角或主要问题，是白雪公主，以及白雪公主的虚荣，继母只是一面镜子，对继母的对抗，乃是对自身虚荣的对抗。如果有了这样的分析，再来设计《白雪公主》的讨论，是不是就不一样了？

再比如，《灰姑娘》原来是一个关于嫉妒的故事，尤其是手足之间的嫉妒。这本来就是一个广泛存在，而又容易被忽略的大主题，让父母们头疼。如果从这个角度去重新理解这篇童话，许多细节的隐喻意义就显现出来了。而父母和孩子围绕着童话的讨论，就对儿童的成长，有着不可忽视的作用。

如果觉得《童话的魅力：童话的心理意义与价值》稍难，可以从这本书开始读。

三、《千面英雄》，约瑟夫·坎贝尔 著

在神话研究领域，坎贝尔是首屈一指的大家。这本《千面英雄》，就是他的代表作。

我们已经遗忘神话很久了，以至于教材竟然都指望用神话去培养学生的"想象力"。神话从来就与我们今天所谓的想象力无缘，对于先民来说，它就是现实。

坎贝尔极富洞察力地说过一段话：

这就是神话的基本任务之一：让人安居于他们所住的土地，让人在这片土地上找到圣所。这样，你就可以让自己的本性和自然的雄浑本性相契在一起。这是人对自己最必要和最基本的适应。

换句话说，我们现代人，远离神话太久，远离脚下这片大地太久，已经成了无根的现代人。而神话的意义，是从潜意识深处，提醒我们的本性，提醒我们与自我，与彼此，与脚下这片土地的深刻的隐秘的联系，以便我们在漫游的时候，不会迷失，在疲惫的时候，也能回到家园。

更重要的是，坎贝尔还识别出了神话的内在结构（对许多童话也是适用的），大家习惯称之为"英雄的旅程"。英雄本来生活在日常世界里，结果突然遭遇到危险，被迫进入了一个超出日常生活之上的世界。在战斗中，英雄遭遇各种各样的问题，最后在帮助者的帮助下，克服了内外各种问题，取得了胜利。

这个结构，现在已经成了影响好莱坞电影编剧的最重要的结构，在几乎一切英雄类型的好莱坞电影中，都能看到它的痕迹。它也是一种根本性的叙事原型，在 TED 等演讲的演讲稿搭建中，也是基础性的结构。

这样的书有多重要？理解了吗？

四、《金字塔原理》，芭芭拉·明托 著

如果说《千面英雄》对于故事写作特别有价值的话，那么，对于说理写作，我觉得《金字塔原理》，是最值得推荐的一本书。

你不能只讲逻辑理论，重要的是理论与实践的高水平融合。

金字塔原理的背后，是一种方法论，我习惯称之为"麦肯锡方法"。例如"完全穷尽，互不重叠"的原则，以及一套简化方案。它能够充分地定义复杂问题，将复杂问题变得清晰有层次，而且能够对重要程度进行恰当的评估，让思想和写作都变得结构化，论述更为连贯和透彻。

对于习惯了好词好句堆砌美文的中小学写作教学来讲，这是清流中的清流呀。

这一原理的内容和运用，在本书的写作部分有阐释，不重复了。

五、《TED 演讲的秘密：18 分钟改变世界》，杰瑞米·多诺万 著

演讲对今天儿童发展的重要性，不言而喻。而且，在训练演讲或者说口语表达方面，一旦错失了敏感期，再要努力，代价就高了，甚至近乎不可能。

但是怎么练习演讲？

学校里基本不训练演讲，一旦训练，也大多是一个长相俊美的孩子，在台上背诵或朗读自己并不真正理解的东西。演讲变成了表演艺术，丧失了演讲的本质，这令人悲哀。

我喜欢 TED 演讲的简洁。它会告诉你——

演讲的本质，就是分享。要么分享一个故事，要么分享一个观点。

演讲的时长，最好不要超过 18 分钟。

这似乎有些匪夷所思。但是，随着时间的推移，我们会发现 TED 演讲所揭示的关于演讲，或者说关于表达的智慧。我们必须训练儿童，能够简洁地、干净地、直接地讲述动人的故事，或传递自己的思想。

六、《晨诵课》，干国祥、陈美丽 编著

在晨诵或者说诗歌诵读方面，《晨诵课》的面世，有着划时代的意义。

为什么？

因为千年以来，我们的各种诗歌集子或者文集，本质上都是文选，而不是课程。文选更多的考虑的是主题以及难易程度，包括经典程度，但是课程不同。课程是一种综合各种因素的全面的设计，必须同时有诗歌修养、儿童心理学背景以及课程意识，或许远远不止这些。而这些精致的考虑，甚至是读者根本看不出来的。

但是，随着读者，无论是学生还是老师、家长，或者研究者认识的深入，会发现你所考虑到的许多因素，这套书都已经深思熟虑过了，它远远地走在时代前面。

我仍然要普及一下。低段儿童以及更早的儿童，是不宜学习古诗的。以背诵

的方式积累诗歌，是诗歌学习的悲剧。诗歌是用来理解和穿越的，就像爱情是用来感受的。诗歌带给孩子那一刹那的感动与清明，是诗歌的真正的目的。

但愿更多的孩子，能够伴随着《晨诵课》，度过一段有意义的童年。也希望更多的教师和家长，把《晨诵课》当成一份丰厚的礼物，馈赠给你们所热爱的孩子。

七、《教育的目的》，怀特海 著

我在最后加入《教育的目的》，是因为这是一本特别出色和被低估的教育名著，对于儿童读写，有着特别强的指导意义。

这是一本演讲集，前三篇演讲，最有价值。

第一篇演讲，主要讲教育的目的，对于现代教育的弊端，做了非常深刻的陈述。尤其是现代学校里的课程设计，远离了儿童的生命与生活。这些批评，虽然发生在一百年前，但是到今天仍然非常的新鲜，切中时弊。第二篇演讲，讲了教育的节奏，主要是"浪漫—精确—综合"，这几乎是一篇非常出色的课程与教学论文献，无论是课程设计，还是教学程序，本质上都要遵循这一规律。对于儿童读写，对于学科教学，对于课程设计，意义深远。第三篇演讲，讲到了自由与纪律的关系，是换了一个角度在讲教育的节奏，清晰透彻，可以参照阅读。

这些演讲中涉及的概念，如果反复阅读，仔细体会，就可能成为包括儿童读写在内的教育教学的有力的武器。这本书我本人读过不少于二十遍，丝毫没有夸张。

好书那么多，为什么推荐这几本？

首先，好书没有那么多。要相信，在儿童读写方面，我浏览过的书籍不计其数，其中有一些流传广泛很受追捧（比如《朗读手册》，确实是一本好书）。但是，为什么我推荐的是这几本（套），跟许多人的印象迥然不同，甚至这里有的书都绝版了？

因为我相信专业，偏爱干净与清晰。

那些真正的好书，你未必喜欢，但是，却像钻石一样，一直闪耀着光芒。根植于文化深处，或者说扎根于哲学、心理学等基础学科，从底层逻辑出发，能够彻底地把一个领域说清楚，用简洁而有穿透力的概括把握它，分析例子入木三分，直接击透，运用于实践好用且耐用，这样的作品，才能够为我们节省时间，真正地帮我们搭建读写领域的基石。

把这些书读透彻了，再去书海漫游，相信你就会拥有自己独特的眼光。

中篇：
走向阅读课程

儿童阅读与教材学习

儿童阅读很重要，已经成为共识。但是，在学校里真刀实枪地抓阅读，还没有成为普遍现象。大多数的语文老师，还会紧紧地抱着教材不放，把更多的时间用于教材落实，而不是阅读。这背后，既反映着一种社会现实，即评价体系还在以成绩来评定老师，也反映着老师们的普遍担忧：抓阅读影响了考试成绩怎么办？

那么，阅读会影响考试成绩吗？儿童阅读与教材学习之间，究竟是怎样的关系？

一

一种观点，认为儿童阅读不会影响考试成绩。这一方面来自我们的普遍经验：那些读书多的儿童，语文成绩普遍好。另一方面也来自一些可见的案例：许多花大力气做阅读的班级，考试成绩确实偏好，而且，到了中学阶段，潜力更强。

然而，经验不是实验，不是科学。科学的特征，是要经得起证伪。而阅读影响成绩的反例也很多。我们假设阅读真的促进了成绩提升，那么，因果关系可能很复杂。举个例子，因为抓阅读，改善了师生关系，提升了儿童语文学习的兴趣，儿童愿意在语文学习上投入更多的时间，因此，成绩也提升了。另外，抓阅读的老师，往往是责任心比较强的老师。因为抓阅读是费力不讨好的事情，需要老师有更多的付出。而责任心强的老师，无论抓不抓阅读，学生的成绩都很好。换句话说，影响儿童成绩的第一因素，一直都是班级的学习风气。成绩上去了，未必就是抓阅读的功劳。因为阅读要转化为成绩，需要时间，而且，还要有阅读数量的支撑。

而且，考试是一个测评工具，追求的是标准化和区分度，因此相对地追求客观，而舍弃无法测量的个性化部分。因此，就容易形成自己的套路。如果儿童没有经历过充分的套路训练，那么，读书虽然多，也不见得一定能考到高分。真实的阅读理解能力，与阅读理解测评，还不能完全等同起来。一个儿童，可能对诗歌很敏感，感受力极强，但并不意味着在未经训练或训练不足的情况下，做诗歌鉴赏题就一定能得高分。

总之，认为儿童阅读能够促进考试成绩，目前还缺乏明显的证据。

一种观点，认为儿童阅读会影响到考试成绩。这一个观点的论证过程是简单粗暴的：儿童阅读耗费时间，用于训练的时间就自然减少了，成绩怎么可能不受到影响？所以，学习不要搞那么多花架子，扎扎实实地回到训练的道路上来，才是正道。

这一观点的问题，是没有意识到，阅读与语文成绩，并不是风马牛不相及的事情，而是高相关的。能考上清华北大的学生，没有几个是阅读量偏弱的，无论是学文还是学理。至少从大数据的角度，高考成绩的高低，与阅读量是成正比的。阅读会影响到考试成绩的说法，也是站不住脚的。

二

讲儿童阅读与教材学习之间的关系，实际上是讲两种不同的学习方式之间的关系。

当儿童在学习教材的时候，儿童是在学习；当儿童在大量做题的时候，儿童是在学习；当儿童在阅读的时候，儿童也是在学习。那么，教材学习，以及应试的训练，与儿童阅读的学习之间，有什么区别？

区别就在于，儿童在阅读时，他经历的是潜意识里的默会学习，换句话说，学习是无意识中发生的。儿童在学习教材或训练时，他经历的是刻意的精确学习，换句话说，学习是有意识发生的。有意学习是一种高度聚焦的运用意志力进行的学习，无意学习是一种无须运用大量意志力就能进行的浪漫而丰富的学习，这两种学习，是学习的两种不同的形态。

儿童年龄越小，无意学习的比重越大；儿童年龄越大，有意学习的比重越大。但无论什么阶段，儿童都需要将无意学习与有意学习结合起来。在这两种学习中，无意学习是通过外部有价值的动作或语言刺激，完成内在的自然的经验建构。这种建构不是刻意的，所以往往是时间的礼物，意思是需要大量的输入。输入量过少，就无法引发真正本质的变化。有意学习则更重视效率，像维果茨基的"最近发展区"理论，就是针对有意学习而言的，强调的是在一个有限的时间周期内，通过高难度的任务，让经验得以更新。因为有意学习是一种刻意练习，对注意力和意志力的要求较高，所以也容易疲惫，需要不断地休息，这也是为什么需要有课间 10 分钟休息的原因。

然而，两种学习之间并非毫无关系，无意学习与有意学习的关系，就像地下密密麻麻的根系与土层之上的树干的关系一样，根深方能叶茂。在任何领域，无意识学习的数量越多，有意识学习的质量就越高。一个有良好阅读习惯的儿童，与一个没有阅读基础的儿童相比，前者的有意学习，或者说教材学习相对要容易得多。

正是因为这个原因，比较早地提出无意学习和有意学习区分的苏霍姆林斯基才认为，在学习中，无意学习和有意学习要形成一定的比例，无意学习的比例应该远远大于有意学习的比例。如果有意学习的比例太大，就容易形成"有意识记肥大症"，所学的知识对儿童来讲就过于抽象，难以形成学习效率。

所以他认为，儿童在高段和中学，学业成绩不佳，早期阅读量不足，是根本原因。儿童不应该补课，应该补阅读。

三

儿童阅读与教材学习的关系还不止于此，以上，只是针对知识学习而言的。事实上，儿童阅读和教材学习，还承担着不同的功能。

简要地说，儿童阅读的目的是"人"，而教材学习的目的是"知识"。儿童阅读在指向人的过程中，完成了对知识的无意学习；教材学习在帮助儿童习得知识的过程中,也在完成对人的教育。

很显然,如果只有教材学习,或者主要是教材学习,那一定会导致"人"的缺席,走向我们所谓的"知识中心主义",这是教材学习带来的显著的弊端。今天儿童哪怕是努力地学习知识,那么,学习知识的目的是什么呢?知识的主题指向什么呢?在没有指引的情况下,在人格指导缺席的情况下,答案是显而易见的:考大学。知识纯粹被当成工具,彻底地功利化了。从知识中获得的快乐,变成了功利主义的快乐,即重要的不是知识本身,而是知识所带来的结果——名声、财富等。

一旦儿童热爱的不是学习,而是学习成绩,那么,内在的动机就被大大削弱了,学习就成了相互之间的比较,甚至成了诅咒。生命的意义,在这个过程中就遗失了,儿童更可能去寻求刺激,更容易被物化,从而丧失了自由意志。这,就是"知识中心主义"对生命的异化。

儿童阅读的价值就在于此,它是明确地指向人的,指向生命、生活中的大主题,让儿童通过想象性经历,自居性经历,内在生活得以丰盈,并更有可能获得潜意识中的指引。什么是友情?什么是爱?怎么克服自卑心理?怎么面对校园欺凌?怎么理解自我?怎么过好这一生?这些问题的答案,往往在阅读中。当儿童在读《丑小鸭》的时候,读《灰姑娘》的时候,读《夏洛的网》的时候,读《小王子》的时候,读《永远讲不完的故事》的时候,他更容易变成一个丰富的人,一个高尚的人,一个自由的人,一个充满了可能性的人。

换句话说,做好儿童课程,不仅知识学习有了背景,而且,语文教材中的人文主题,也有了鲜明的支撑。知识只有与人结合起来,才是完整的、鲜明的、生动的。这不正是教育的目的吗?

四

综上所述,儿童阅读与语文教材,是相互补充的,而且,必须相互补充。

轻视儿童阅读,或者将儿童阅读形式化,在根本处,仍然是受到了机械教学观的影响,受到了"知识中心主义"观念的影响。哪怕是苏霍姆林斯基,也仍然是在知识中心主义的背景下,意识到了阅读对于智力发展的重要性,但是,没有意识到阅读的价值，远不止于此。因此，在苏霍姆林斯基看来，阅读是服务于知识学习，服务于教材的。而事实绝不是如此，儿童阅读和教材学习，就像两棵并排独立的大树，根交织在一起，叶交织在一起，但彼此都不是对方的附庸。

这就意味着，今天要思考儿童阅读与语文教材的关系，必须站在课程的高度，而不能站在教材的角度。站在课程的角度，就要考虑双线并进，以时而交织的方式来处理儿童阅读与语文教材。不能再认为儿童阅读会影响语文成绩，而要发挥儿童阅读的综合作用，包括智力发展的作用。而语文教材作为一个训练系统，和儿童阅读遵循不同的学习线路。语文教材学习越高效，儿童阅读越丰富；儿童阅读越丰富，语文教材学习越高效。两手抓，两手都要硬，就容易相互补充也相互增强。

这种双线并进的课程关系，在不同的年级，也有不同的特征。

低段，阅读以绘本、桥梁书和初阶童书为中心，同时以长文挑战作为儿童阅读与教材学习之间的桥梁，有效地发展儿童的识字量，同时让儿童最初的校园生活变得富有意义。中段，通过海量的童书阅读，刺激阅读自动化能力的形成，为儿童在语文教材中理解篇章奠定语感基础。高段，通过经典研读，对阅读能力进行深度加工。

这样，在低段，儿童阅读无助于成绩，甚至可能产生影响。在中段，儿童阅读与考试就能够相互支撑，确保不影响成绩，甚至大大地提升成绩。在高段，因为深度加工能力的训练，儿童可以迁移到训练中去，从而让训练达到足够的水平，对考试成绩产生本质的影响。

当然，前提是，无论对儿童阅读还是语文教材，都要有深度的专业的研究。

晨诵，与黎明共舞

"晨诵—午读—暮省"，是由干国祥老师在 2006 年提出的一种儿童生活方式。作为一种生活方式，这里的"晨—午—暮"，即早晨、中午、傍晚，更多的不是一个时间的概念，而是一个包含了精神生活在内的进程，一种完整的、未被割裂的自觉生活的闭环。它的意思是说，一个儿童的精神生活，应当始于明亮的开启，经由丰富的拓展，终于对话、反思与吸纳，如此循环往复地持续完成精神建构。

怎么理解呢？

儿童精神的发展，往往会经历这样的一个过程。首先是一种唤醒、照亮。然后，是孜孜不倦地去丰富、拓展、深化，这往往是通过阅读与更广泛意义上的学习完成的。最终，在自我与外部世界的对话和反思中，儿童潜在地或有意识地完成自我精神的建构。

是不是有些抽象？

举个例子。因为老师、父母的教导，或者因为榜样的感召，又或者因为某种契机的触发，儿童产生了某种朦胧的愿望，就像一束光照进了心灵，这往往是精神发展的开端。在这种精神之光的照耀下，儿童开始了在成人或同伴帮助下勤奋的探索：阅读、学习，把自己的触角，伸向各种有价值的领域。这是精神发展的过程。在这个过程中，伴随着的，必定是反思。反思意味着儿童基于自身生活和生命以及所在处境的一种判断，是主体对于所吸引的一切的主动选择和积极消化。这是精神发展的完成。儿童不断地经历这个过程，就形成了儿童的精神运动。

我们经常把这个过程，也借用哲学家怀特海的话，称之为浪漫—精确—综合。

所谓的全人之美课程，其中一部分重要的含义，就是帮助儿童恢复精神生活，借以恢复生命的完整性，避免片面知识学习可能带来的割裂。

依据这种追求而设计的儿童课程，就成了一个以发展儿童的精神生活为目的的晨诵—午读—暮省的课程体系。这里的晨诵，主要是指诗歌诵读；这里的午读，主要是指大量的儿童阅读，包括了精读与泛读；这里的暮省，主要是指在教师引导下儿童保持对自身生活的反思，并在此过程中形成和提升反思能力。

一

在这个背景下的晨诵课程，就成了儿童课程中最有仪式感的一类课程。

为什么说有仪式感呢？一是因为晨诵往往是儿童每天早晨到校后的第一个课程，通常时间为 20 分钟左右。

我们知道，一般学校，学生早上到校，直接就上第一节课了。也有一部分学校开设有早读课，主要用于朗读和背诵课文，以完成知识的积累。但是晨诵不同，用干国祥老师的话来说：

> 晨诵的目的主要不在于记忆未来可能用到的知识，不是为了进行记忆的强化训练，而在于丰富儿童当下的生命，在于通过晨诵，既培养一种与黎明共舞的生活方式，又能习诵、领略优美的母语，体验诗歌所传达的情怀、美感及音乐感。

换句话说，晨诵与一般的早读的区别在于，早读指向知识，是属于知识课程，利用早晨的时间让学生完成部分知识的积累，而晨诵指向人，是属于生命课程，让每一天从体验优美的诗歌开始，从对生活和生命充满感觉开始。因此，我们称之为"与黎明共舞"。儿童的每一天，不应该仅仅被太阳唤醒，被母亲唤醒，也应该被诗歌唤醒。只有被诗歌唤醒，精神才能够真正地醒来。

想象一下，儿童每天到校，先沉浸在一首优美的诗歌里，去感受，去体会，这本身就足以照亮一天的高品质的精神生活。

举一首诗：

> 整个早晨
> 我一直看着你
> 怎样把每一寸
> 玲珑的晨光
> 变作七彩的跳跃
> 嚼成松子的果香

这一首诗的名字，叫《早安，小松鼠》，用在小学低段。这样美美地读下来，一个早晨，乃至于一天，都仿佛被照亮了。原本似乎枯燥机械的学习生活，似乎被赋予了崭新的目的与意义。

这是一种精神的唤醒。

如果每天，一个儿童，都是在不同的诗歌中被唤醒呢？一年级的儿歌童谣，二三年级的儿童诗，三四年级的"在农历的天空下"古典诗词课程，五六年级的中外经典现代诗歌、青春诗歌以及儒道经典，结果会如何？

这是一种自然的唤醒，也是一种文化的唤醒，更是一种生命的唤醒。当一个儿童每天都有 20 分钟经历一次唤醒，经历一次诗歌中的沉浸，一次穿越诗歌的精神之旅，而不必背负背诵和考试的负担，这 20 分钟将如何美妙？！当六年中，每一天的校园生活，都是用诗歌开启，那么，儿童内在的精神、外在的语言，甚至包括智力生活，将发生何等生动的变化？！

所以，晨诵，乃是学校，或者说教师可能赠予儿童的一份美妙的礼物。

由干国祥、陈美丽老师主编的《晨诵课》这一套晨诵读本在诵读的意义上是划时代的，因为它意味着一个新的开端或可能，诵读诗歌，真正地成为一门科学而严谨的课程，而不是文选型读本的背诵与积累。理解这种区别，对于上好晨诵课，让晨诵发挥真正的价值，具有特别重要的意义。

二

通过上面的说明，大家应该已经明白，晨诵不是知识学习，更强调生命体验和精神建构。

一首美丽的诗歌，它可能是描绘和赞美自然的，如田园诗，也可能是表达自己的志趣的，还可能是抒发感情的。总之，是以诗的方式，触及了包括自然、人性、文化、自我、生命等在内人类一切有价值的东西。通过吟诵等方式对诗歌的直觉的领会，这种直觉的领会，往往是包含了心理发展、道德发展以及认知发展等在内的一种整体的认识，是一种浪漫的、综合的精神营养。

举个例子。我们经常讲道德人格教育，更多的为通过说理，甚至是说教的方式进行。但是在晨诵中，道德人格教育多数时候是潜意识中发生的，甚至是在一切诗歌中必然发生的。有些诗歌是直接的道德人格教育，例如《墨梅》中的"不要人夸好颜色，只留清气满乾坤"，更多的时候，是潜移默化的道德人格教育。哪怕一首诗歌是纯粹歌颂自然的，诗人本身也不带有道德人格教育的意图，但仍然是潜在的道德人格教育。因为健康的道德人格教育，是以对生命和自然的敏感作为前提的。如果心灵是麻木的，对自然和生命是无感的，那么，就没有形成健康的道德人格教育的土壤。用儒家的话来说，这叫"麻木不仁"。

沈从文有一句话，经常被用来描绘晨诵的这种意义：

于清晨极静之时，

听到鸟鸣，

令人不敢堕落。

用孔子的话来说，这叫诗教。所以，孔子说，兴于诗，立于礼，成于乐。兴于诗，准确地概括了晨诵的意义。有了这个前提，才有各种规矩的"立"，最终，才能转化为生活的自由状态，即抵达"乐"的境界。在这个过程中，"诗"，或者说晨诵，是一个开启。

　　当然,晨诵的意义不止于此。精神的舒展与丰盈,含义是多方面的。心理的健康,生命的润泽,都有赖于诗歌的浇灌。在诗歌中,也潜在地发展了认知能力和语言能力。通过晨诵,无论是民族文化,还是人类文明,都以非常自然优美的方式得到了传承。

　　晨诵不只是积累诗歌,晨诵核心的意义,是滋养生命。今天的教育,对儿童精神世界的忽视,是令人忧虑的。儿童往往被功利主义的胡萝卜引诱着,被以习惯培养为名的管理大棒敲打着,在千军万马过独木桥。儿童作为人的独特性,作为人的崇高与优美,被无形中否定了,作为人的自由与尊严,被无形中忽略了。而诗歌,则是恢复这种感觉的最好方式之一。

　　因此,晨诵课,是最受儿童欢迎的课程之一。

　　有意思的是,有许多老师也会喜欢上晨诵。每天早晨,老师要带领学生穿越一首诗歌,老师就需要对诗歌进入比较深入的研究与思考,无形当中,老师的生命,也因为这些诗歌源源不断地得到了滋养。

　　不仅仅如此,以日以年,晨诵往往改变的,还是一个班级乃至于一所学校的师生关系和文化氛围。

附:凝视一朵花

　　一转眼,就跨进了三月。鄂尔多斯还没有春的消息,不但如此,今天居然还飘起了雪花,春天,只能在诗歌中寻找:

> 亲爱的三月,请进
> 我是多么高兴——
> 一直期待你光临——
> ……
> ——狄金森《亲爱的三月》

每天早晨，一行人走进教室听课，是从晨诵开始，从走进一首首诗歌开始的。因此总在问自己：晨诵意味着什么？或者，每天早晨从一首诗歌开始，究竟意味着什么？

一

晨诵是什么？

沈从文先生说过一句话，一直被新教育人当成晨诵的注脚：

于清晨极静之时，听到鸟鸣，令人不敢堕落。

而新教育人更喜欢说的是：与黎明共舞。

每天晨诵一首诗，就成了一些新教育班级的开启黎明的日课。我们知道，每一首好诗都开启了一个世界，都是如此的不同。因此，领略诗歌，并将领略到的感动传递给孩子，是需要创造性地寻求最适合一首具体的诗歌的方式。

虽然如此，如仪式一般，晨诵通常也有自己的结构：

1. 教师范读，用声音演绎诗歌的美妙（对低段而言，或许是趣味）。

当然，这是就新授诗歌而言的，在一个系列中，新授诗之前，往往要温习旧诗。并且，还往往有贯穿整个系列的开启诗或相对固定的音乐。

多数时候，教师范读时，要为晨诵诗歌寻找一首美妙的音乐。音乐的作用一如绿叶之于鲜花，是烘托，使之显现，而不能喧宾夺主。教师的范读，也并非那种"美美地读"，而是用声音传递诗歌的意蕴，以及诗歌所带来的兴发感动。

教师范读之后，是学生朗读。可能是集体读（多数情况），可能是个别读（视需要及资源而定），目的是熟悉诗歌，并确保能流畅地朗读。

2. 理解诗歌，揣摩朗诵。

如何让学生读出诗歌的美妙？这需要揣摩和练习，而揣摩和练习的目的，是用声音传递埋解。埋解的方式是多种多样的，或通过关键语句的提问，或通过对朗读处理的讨论，或通过画面来解释，或通过引入另外的诗歌或句子进行互文阐释（或暗示），甚至通过对原诗的某种改写让学生恍然大悟，但这绝非精确的语文教学，其中分寸，是要经过长久练习的。

3.与学生生命相互编织，并由学生用声音演绎诗歌。

理解之后，是学生独立地揣摩朗诵，最终，仍然要回到原诗之中，或齐读，或单个朗诵（居多）。此时不再要求流畅，而是要求学生用声音来传递对诗歌的理解与感动，并且往往会配上音乐，让晨诵发挥最大的艺术效果。

在这里，至关重要的是老师对诗歌的兴发感动，以及灵机与创造。这种结构，无非是暗示一种节奏感，一种"浪漫—精确—综合"的节奏，一种诗歌与生命不断深入契合的节奏。

二

晨诵之难，首先就在于老师对诗歌的敏感。

教育本质上是对生命的雕琢，是"用时间雕刻一朵朵玫瑰"，而美好的诗歌本身，是对生命中最美妙的东西的捕捉，"从生命最轻妙的芬芳到它沉重的果实的厚味"。

这种敏感，不是一看到诗歌就"本能地"赞美，而是对不同类型诗歌的精细的辨识。本周参加罕台培训的老师会聚在 091 班，主要观摩金波晨诵系列，其中有一首诗歌是这样的：

> 白花树
> 因为不知道你的名字，
> 就让我叫你白花树。
>
> 春天当你的花朵盛开时，
> 便引来蜜蜂和蝴蝶的呵护；
> 微风为你飘送着芬芳，
> 日子因你而闪闪发光。

你叫什么名字也许并不重要，
让我怀念的芬芳是如此难忘。

金波是个不错的儿童诗作家，但并不是那种卓越的作家像金子美铃，更不是伟大的作家像泰戈尔。他的作品，距离杰作还有一定的距离。研讨中，干老师举了另两首诗歌的例子：

一棵开花的树
席慕容

如何让你遇见我
在我最美丽的时刻
为这
我已在佛前求了五百年
求他让我们结一段尘缘

佛于是把我化作一棵树
长在你必经的路旁
阳光下
慎重地开满了花
朵朵都是我前世的盼望

当你走近请你细听
那颤抖的叶
是我等待的热情

而当你终于无视地走过
在你身后落了一地的

朋友啊

那不是花瓣

是我凋零的心

第一次的茉莉

泰戈尔

呵，这些茉莉花，这些白的茉莉花！

我仿佛记得我第一次双手满捧着这些茉莉花，这些白的茉莉花的时候。

我喜爱那日光，那天空，那绿色的大地；

我听见那河水淙淙的流声，在黑漆的午夜里传过来；

秋天的夕阳，在荒原上大路转角处迎我，如新妇揭起她的面纱迎接她的爱人。

但我想起孩提时第一次捧在手里的白茉莉，心里充满着甜蜜的回忆。

我生平有过许多快活的日子，在节日宴会的晚上，我曾跟着说笑话的人大笑。

在灰暗的雨天的早晨，我吟哦过许多飘逸的诗篇。

我颈上戴过爱人手织的醉花的花圈，作为晚装。

但我想起孩提时第一次捧在手里的白茉莉，心里充满着甜蜜的回忆。

三首诗歌，三重境界。

《白花树》，仿佛一缕淡淡的痕迹，它的核心是"芬芳"，是这芬芳带给诗人的一份淡淡的美好。但《一棵开花的树》则是一场外表平淡但内心掀起剧烈波澜的遭遇，是诗人与一棵偶遇的开花的树之间的浓烈的爱情。是两场青春的一次相遇，是"春日游，杏花吹满头"的那份浓烈的盼望。相形之下，它切入生命的深度，要比《白花树》深入得多。而《第一次的茉莉》，则最有穿透力。它触及了生命中最根本的东西，那决定一生，使我们成其所是的东西。第一次的茉莉，是我们人生中每一次深刻而持久的刻写，是生命在某一刻突然意识到了自己。

对诗歌的这种敏感，是上好晨诵的前提。

三

但是，要正确贴切地解读一首诗歌，对多数人而言，是很难的，但这并不意味着就无法上晨诵。

例如，泰戈尔的《第一次的茉莉》，纵然你无法恰当地表达它的意蕴，但它也常常让你感动，带着兴发感动，将诗歌带给孩子，不必计较自己对诗歌的理解达到怎样的高度，足矣。

我知道真正困难的是什么。

是许多语文老师早就丧失了对诗歌的感动，成为僵死的语文知识的机械操练者；是视工作为糊口工具，视晨诵为额外的工作而非对师生的奖赏；是想要简单化地控制学生而不投入自己的生命甚至情感。

当晨诵不复是令人不敢堕落的"鸟鸣"，而成为一种负担时，晨诵就失去了它的意义，成为机械的背诵积累。

我常常想，我们都有过飞扬的青春，或许都有过自发地背诵唐诗宋词的日子，背诵席慕容、泰戈尔，甚至只是汪国真的日子。

教师这个职业，是辛苦的，但每一份辛苦的背后，都附带着一份馈赠——与更年轻的生命在一起，就是一份馈赠。

通过重新温习诗歌，通过共读童书，我们可以一次又一次地重新活过，重新变得年轻，变得充满激情，变得对生命充溢着热情。

许多个早晨，进教室听晨诵。我并非专家般地审视老师如何操作一首诗，相反，我几乎"遗忘"了上课老师。短短二十分钟，我都沉浸在诗歌里，任随思绪飘荡。通常晨诵结束，我也完成了对一首诗歌的感受、沉浸和解读。我觉得一首美妙的诗歌，就像一朵花，值得在每一个清晨花些时间去凝视，如同金波在一首诗中所说：

如果给我足够的时间

我愿久久地凝视一朵花

从含苞到凋谢

它展现的美丽

就是生命的过程

我在凝视中穿越过时空，我相信，只有在诗意的凝视中，灵魂才能真正地获得栖居。晨诵，首先雕塑的是教师，只有穿越教师的生命，才能够真正地雕塑学生。

从《丑小鸭》看整本书共读

什么叫"整本书共读"？

首先，我们要区分两个概念，"整本书共读"与"整本书阅读"。统编本教材出来以后，有一个"快乐读书吧"，里面推荐了一批书，不但要读，而且还要考。但这些书大多数并不适合共读，而适合自读，所以，叫"整本书阅读"。整本书阅读，是教材的有益延伸，是为了扩充学生的阅读量，有一点苏霍姆林斯基讲的"第二套大纲"的意思，目的是把教材学得更好，同时也发挥育人功能。

如果我们不从教材的角度，而是从生命成长的角度来理解整本书共读呢？那么，整本书的阅读，就不是教材的附庸，而是有自己的独立目的和功能，有着自己独立的阅读程序的完整的课程形态。

一

从儿童阅读的角度来看，所谓的"整本书共读"，是指亲子，更多的时候是指师生之间，围绕着一本当下最适合的有价值的童书一起阅读，一起就书中的主题展开讨论，并将主题与自己的生命和生活联结起来，从而获得启发或滋养。

有些人可能曾经有过这样的体验，当你的人生到了某一个阶段，正在迷茫之际，突然遇到了一本书，或者一个人，它（他）帮你打开了生活以及生命的另一种可能，让原本迷茫的自己，突然就找到了新的方向感。就像郭靖遇到马钰，令狐冲遇到风清扬。在教育学上，我们把这种现象，就叫"遭遇"。但是我们也明白，这种时刻，往往可遇而不可求。不是所有的儿童都十分幸运，恰好在人生的关键时刻，遇到了对的书，以及对的人。然而教育，就是要把这种偶然性变成必然性，为所有儿童，努力地制造一种"遭遇"，从而引导他的生命与生活。

这何以可能？

当然可以。每一个儿童如此的不同，但其实又如此的相似。相同年龄的儿童，在同一个年龄，乃至于同一间教室里遇到的问题，往往具有极大的相似性。比如"自卑"的问题，就是小学阶段儿童的普遍问题。因为儿童还不够强大，很容易受到他人评价的影响。这时候，怎么处理自己的自卑，乃至于少数儿童怎么处理自己的自卑情结，就成了一个较为普遍的问题。那么，如果大家一起读一本以此为主题的童书呢？童书中虚拟的主人公也遭遇了类似的问题，但最终成功地解决了呢？这本书，是不是就有可能对这样的一群儿童，产生深远的影响？少数不只自卑，且已经形成自卑情结的儿童，是不是就会受益更深？

仅仅如此，可能还不够。儿童可能只是感动了一下，甚至未必读得懂。那么，如果老师带着儿童一起读呢？如果不断地就书中的主题向儿童提问，鼓励儿童思考呢？如果一群儿童在一起思考这一个主题呢？这时候，在老师和同伴的影响下，这本书，就可能被深刻地理解，并因此影响了儿童的生命。

再举个例子。假如班上有个小霸王，存在着一定程度隐性的欺凌现象。那么，怎么理解欺凌？怎么避免被欺凌？如果同学受到欺凌我怎么办？这些，也可能成为一个班级大多数同学都要面临的一个问题。班会是一个方面，那么，如果共读了类似《一百条裙子》这样的童书，大家是不是也能获得启发，获得心灵上的一种洗礼呢？

二

显然，整本书共读，吻合了儿童阅读的一个重要原则：为儿童找到此时此刻最适合他的书，让书与儿童相互"遭遇"。

那么，哪些书，是儿童此时此刻最适合的书呢？

对于不同的儿童，可能答案是不一样的，儿童在海量阅读中，会潜意识地寻找，然后对某本或某类书特别迷恋，包括某个作家。家长在亲子共读中，也可能为自己的孩子，选择最适合他当下的需求的书。有的儿童贪吃，有的儿童嫉妒，有的儿童懒惰，有的儿童自卑……儿童面临的问题不同，书也不一样。

但是，当儿童们在同一间教室里共同生活时，就有一些经典，能够最大限度地解释或解决他们共同的问题。那么，教师怎么确保，这些书是合适的呢？挑选的原则是什么？

首先，这些书一定是经典。只有经典，才值得共读，也才经得起共读。为什么只有经典才经得起共读呢？因为经典作品，涉及的往往是超越时代的，但是每个时代的儿童都会遭遇到的大问题。经典作品在处理大问题时，往往深入到了儿童的潜意识，儿童有强烈的感受，但又往往说不出为什么，经得起反复阅读甚至咀嚼。而且因为经典根扎得深，对儿童的影响，也更为根本与深远。儿童读经典，不觉其深，成人读经典，不觉其浅。

其次，这些书涉及的主题，与儿童当下的生命、生活是高度关联的。你不能给小学低段的儿童，推荐有关性别主题的作品,他们也领会不了爱情的本质。这样，我们就可以根据童书涉及的主题的相关度，以及语言的复杂程度，为不同年龄阶段的儿童，挑选与他们的年龄特征以及心理特征相适应的童书，作为共读的作品。

最后，这本书的阅读难度，应该在儿童的"最近发展区"之内。这是什么意思呢？就是说，如果儿童独自阅读这本书，可能会感觉到难，甚至不会喜欢，因为这本书是高于儿童现有水平的。但是，如果大家一起读，在老师的指导下，儿童又能够理解这本书，甚至深刻地喜欢上。这说明，这本书在儿童的最近发展区以内。

三

一本适合的书，一个有待启发的儿童，这中间少了些什么？催化剂，帮助者，这就是教师的作用，把一本书真正地带给儿童。

那么，教师怎么和儿童就一本书，展开交流，或者说，展开整本书共读呢？

所有的认知过程是相似的。读一本书，和读一篇文章，也遵循大致相同的教学规律。所不同的是，教材教学的重点，是知识与能力，而整本书共读的重点，却是主题本身。

我们不妨比较一下——

	课文教学	整本书共读	异同
学习准备	流利朗读课文，概括文章大意	流利阅读全书，梳理故事情节	相似，准备性阅读
核心学习	提出大问题，理解语文要素	提出大问题，理解（人文）主题	相异，前者聚焦语文知识，后者聚焦人文主题
关联当下	与生命、生活关联，理解人文主题	与生命、生活关联，理解自我	相似，都将学习内容与学生生命、生活相关联

我们以《丑小鸭》为例。它既可以看成是一篇课文（课文中节选了部分），也可以看成是整本书共读。

那么，整本书共读应该如何进行呢？

第一阶段：流利阅读全书，梳理故事情节。

如果是在低段和中段，因为学生可能还没有完全完成自动化阅读，因此，可以考虑在老师的带领下，用大声朗读等方式，把全书一起阅读一遍，可以利用午读、阅读课或语文课的时间。在这个过程中，也可加入一些讨论内容。这样的课，我们一般叫"阅读推进课"，是为了帮助儿童顺利读完全书，并具有初步的理解。如果是在中高段，学生已经完成了自动化阅读，独立阅读已经没有障碍，那么，就可以由学生自己进行前期阅读，并思考老师预设的问题。全部读完后，再参加课堂讨论。这样的课，我们一般叫"主题探讨课"。也就是说，整本书共读课程，可能由阅读推进课和主题探讨课组成，也可能只有主题探讨课。

例如，在共读《丑小鸭》时，我们可以先带领儿童把全书能够流利地读下来，在读的过程中进行梳理，读完后进行梳理。梳理的技巧是多样的，可以是表格、鱼骨图、小标题等。

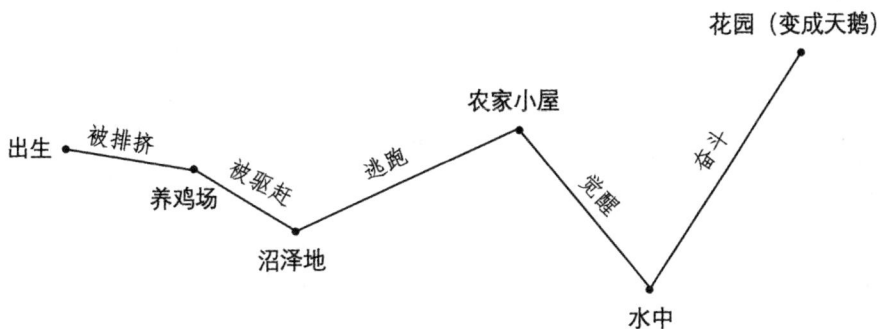

这种梳理绝不是盲目的，而是对情节点的把握，是老师引导的结果。有了这种梳理，儿童对丑小鸭到白天鹅的过程中，命运的曲折变化，就有了直观而鲜明的感受。这样，就为接下来的大问题的讨论，奠定了良好的基础。

第二阶段：提出大问题，深入理解主题。

课堂上的讨论，是加深儿童对主题理解的最主要的策略。整本书比较长，往往很难用一个问题来概括，而是在一个或几个大问题的笼罩下，通过一组问题，来把儿童的思考引向深入。

在《丑小鸭》中，隐含的大问题是：一个因某种社会标准而被排斥贬低的人，应该怎么理解和面对这种排斥，并通过正确的抉择与行动，让自己的生命获得超越？与这个大问题相伴的核心概念，就是心理学家阿德勒所谓的"自卑与超越"。

但是，不能直接把这个问题抛给学生，而是要把这个问题，转化为学生能够理解的问题。例如：

> 有人说，丑小鸭本来就是天鹅蛋里孵化出来的，它不用努力，也会成为白天鹅，你怎么看待这种观点？

也可以针对关键性的情节提问，但是要回答，却往往关涉全局：

> 在农家小屋里，丑小鸭终于过上了安定的生活。但是，也是在农家小屋，

丑小鸭第一次不是被逼，而是主动选择了离开。你觉得，丑小鸭这个选择是正确的吗？为什么？万一它真的在冬天冻死了呢？

一本书的共读，往往要一两周时间，不可能只讨论一两个问题。往往是将大问题化解为一组密切相关的问题，层层讨论，最终加深对主题的理解。不仅如此，在推进课中，加入一些关于相关章节的内容的讨论，也能加深对相关章节的理解，并减少主题探讨课的压力。此外，因为书的结构不同，讨论的结构也会发生很大的变化。有的书适合全部读完后，再进行核心主题的讨论，这是主要情形，还有一些书，是多个主题的汇集，在共读的过程中，就讨论了。

在《丑小鸭》中，也有许多跟章节相对应的问题。一般来讲，可以把这些问题集中起来，做成导读单，儿童在自行阅读或共读的过程中，可以不断地思考这些问题，为课堂讨论做好准备（见附录）。

第三阶段：与生命、生活相关联，理解自我。

经过了第二阶段的教学，儿童已经深刻地理解了《丑小鸭》的意蕴。但是，这还不够，还必须进一步地让儿童看到，这个故事与自身之间，到底有着怎样的深层关联？

这一层，是将潜意识里的自居，放在意识层面进行讨论。这里的自居，就是两种自居。我们既可能是丑小鸭，有着深深的自卑，甚至形成了自卑情结；我们也可能是与丑小鸭一样生命气质的其他儿童所处的社会环境，我们对他们的态度，也在影响着他们。

这样，就还有两个问题值得讨论：

1. 如果你就是那个丑小鸭，你怎么理解周围人对你的看法和做法，并且，将会如何行动？

2. 如果你是丑小鸭身边的人，甚至是一只白天鹅，你如何对待身边形形色色的丑小鸭？

这些问题，在讨论的过程中，都会被不断地具体化。这个过程，既是一个训练思维的过程，更是一个人格教育的过程。

显而易见的是，这样的整本书共读，对于班级儿童人格发展的提升，是非常明显和有力的，不同的儿童都将从中受益。而那些有自卑情结的儿童，将格外受益。

如果每学期有两本这样的共读书呢？那么，六年下来，将会有 24 本经典，涉及 24 个跟儿童密切相关的主题。这，将深刻地塑造一个班级的共同的精神生活，帮助一个班级形成共同的语言与密码。同时，也将成为共同穿越过的每一个儿童童年最好的礼物。

老师们，你们准备好了吗？

（关注公众号"老魏的咖啡馆"回复"《丑小鸭》导读单"可以收到导读单）

什么是长文挑战？

一

在小学低段，识字，是最重要的任务。

那么，儿童是怎么识字的？是通过拼音识字，还是通过阅读识字？是通过记住字的形状来识字，还是通过理解字的意义来识字？

答案应该是显然的。然而，至今，还有不少人认为，儿童是通过拼音识字的，把拼音教学的意义无限夸大。实际上，拼音只是用来标识和检索的，可以在小学低段甚至中段的任何时候加以学习，而没有必要当成识字的前提。同样，我们也不是通过记住字的形状来识字的，那只是意义极端有限的辅助手段，我们是通过理解字的结构和意义来识字的，除非字形恰恰表明了意义，就像象形字、指事字、会意字一样。

举个例子，现在假如因为工作的需要，你要认识许多人。那么，能不能找来大量相关人的照片，然后标上姓名（拼音），每天教你，跟我读：这是张三，这是李四……或者加上形状描述：张三头发卷又卷，李四鼻子长又长，赵五眼睛圆又圆，王六嘴唇厚如墙……这样，以后见了张三，李四，赵五，王六，你会认识吗？你可能会认识，但是，混淆的可能性很高。而且，遗忘的速度很快。最重要的是，你完全不了解张三李四赵五王六，他们什么性格？什么爱好？是好人还是坏人？你几乎一无所知。也可以说，你已经忘记了为什么要认识这些人。

那么，一个健康的过程是怎样的？

是走出去，在与你工作高相关的各种场合多露面，多多与相关的人交流。交流多了，你对许多人，就有了或深或浅的印象。而且，其中的许多重要人物，你会在不同的场合反复遇见。这样，你就熟悉了他们，他们也熟悉了你。在这种情况下，你不容易忘记他们，因为你不是在照片中认识他们的，而是在生动的交往中认识的。这样，你对他们的性格气质，就有了一定的直观的感受，这增强了你的判断力。在你工作上需要他们的时候，你也能够迅速地跟他们建立联系。如果你只是在卡片上认识他们的呢？你发现你没有办法在工作需要的时候跟他们迅速地建立联系。

现在我们回到正题。我们如何识字？是通过识字卡片，通过字的拼音和外形来大量识字的吗（许多幼儿园就是这么做的）？这样的识字，就是机械识字。字词作为语言符号，跟它所代表的意义脱离了，跟它生活于其间的语言环境也脱离了。这种双重脱离，导致了识字变得无意义，所谓的趣味识字，只是外部趣味，而不是内部趣味。结果识了许多字，但是不能灵活地运用，也无法成为语文阅读有力的支撑。

那么，正确的方法是什么呢？

要么聚焦于字的意义，这是精确识字。例如要学习"本末倒置"的"本"与"末"，都是指事字。木是树的象形，下面加一个短的指事符号，代表这是树根，这就是"本"的原义，所以有一个词叫"根本"。上面加一长横，代表的是树梢，这就是"末"的原义。精确识字，是把字从语境中抽离出来，进行精确的掌握。每一篇课文中都包含了一些生字，这些生字是按字频进行编排的，越早期越学高频字。儿童先在课文中认识这些字，再通过每一课的生字教学，对这个字进行精确的理解。例如，要掌握这个字的读音、字形（包括偏旁）、意义（包括字源），并进行有效的组词训练，甚至造句训练。

要么聚焦于字的语境，在大量阅读中识字，这是自然识字。当一个字在不同的文本中反复出现的时候，就像你在不同的交际场合，不断地遇到同一个人，你虽然还没有真正地研究他的性格气质，但是，对他已经有了生动的印象，他在不同场合相似的以及不同的表现，已经进入你的头脑中了。当他下次再出现的时候，他会如何表现？你有一个基本的预测和判断，虽然你还没有真正地经人介绍跟他相识。换句话说，你认识他，但是，并不深刻地了解甚至理解他。

相比于机械识字，精确识字和自然识字，都属于意义识字。即字词与所代表的意义，以及所处的语境是连接在一起的。精确识字，往往是语文教学的任务，每一课后面都有识字表。自然识字，是在阅读中自然而然地形成的。阅读量越大，自然识字的数量就越多。

二

那么，什么是"长文挑战"呢？

长文挑战，是介于故事阅读和语文教学之间的一种特殊的阅读方式。故事阅读，本质上是一种主题阅读，而语文教学，本质上是一种形式训练，在一二年级，核心之一是识字教学。而长文挑战是一种主题阅读，指向的，却是识字。当然，是自然识字，是一种为了健康自然地大量识字而设计的课程，也可以理解为一种小学低段的以识字为目标的综合课程。

长文挑战课程，可以用三句话加以概括：

1. 选择高价值的高于儿童现有水平，但又在最近发展区内的故事文本；

2. 以指读等方式作为手段，通过反复练习，使孩子达到能够流利地朗读故事文本的程度；

3. 通过为期一年约 30 篇故事文本的挑战积累，帮孩子突破阅读中的文字障碍，促进自然识字的爆发性增长，以便在二三年级之交能够流利地阅读整本书。

这是一个通过量变形成质变的过程。对儿童来说，也是一次走出舒适区，挑战自身可能性的过程。因此，需要成人（教师或家长）为儿童提供协助和反馈。

先回答三个问题：

1. 长文挑战，应该从什么时候开始，什么时候结束？

2. 长文挑战，应该挑战多少个文本？

3. 长文挑战，应该选择怎样的文本？

长文挑战是为一二年级而设计的课程，也就是"大声朗读"。朗读不是一种自然的阅读，自然的阅读是默读。默读是快速地越过字词，汲取背后的意义。默读的本质，是阅读自动化，儿童忘了语言，就像司机忘记了怎么开车，写作者忘记了如何打字，但他们确实在流畅地开车和打字，因为这些动作已经自动化了，无须意识的过度介入。朗读是一种对文字的聚焦。除了指向表达或表演的朗诵艺术外（就像书法之于写字），朗读在根本上是一种学习手段，是通过对字词的聚焦，加强声音与意义之间的联系。

一般建议，长文挑战的起始时间，为一年级的第二学期，结束时间，为二年级的第一学期，为期一年。可以根据实际情况，提前或推后，缩短或延长。基础好的学校或班级，也可以从一年级入学一月后的十月开始。长文挑战不是自由阅读，是超出儿童水平的刻意练习，如果儿童感觉到不适应，或者有抵触情绪，都是正常的反应。毕竟，凡是刻意练习，都是最近发展区内的学习，都意味着儿童要走出舒适区。

长文挑战的文本，当然多多益善。通常建议 30 篇左右，两周挑战一篇。也可以短文章一周一篇，长文章两周一篇。要根据文本的难度和长度，以及儿童的反应来判断，保持一定的灵活性。

长文挑战的文本，一般要选择有趣味或有意义的文本，尽可能是经典。一年级，更偏向于有趣味，以绘本中的文字为最佳；二年级，更偏向于有意义，以安徒生的童话，以及类似风格和难度的文本为最佳。二年级要特别重视《安徒生童话》的学习，并且，尽可能以长文挑战的方式来学习。

为什么要选择有趣味或有意义的经典呢？因为语言学习并不只是对文字的学习，同时也是一种精神的呼吸。如果文本不够经典，或者不够有趣或有意义，就不容易给儿童带来深刻的内在力量，会影响语言学习的品质和兴趣。

长文挑战的难度，以在成人的帮助下，儿童能够挑战读下来为最佳。当然，读下来不是指一次完成，可能需要多次反复，才能完成。

长文挑战，实际上是低段最有价值的深度学习之一。

三

听上去挺美。但是，在操作的过程中，长文挑战容易出现各种问题。突出的问题，是有些儿童会出现畏难情绪。在这种情况下，最怕的，是一味地迎合儿童的情绪,不断地降低学习标准。要做的是,让文本相对于儿童始终保持一定的难度,但是,又用各种手法,刺激儿童不断地挑战突破。

那么,长文挑战容易遇到的问题都有哪些?

可能会有——

1. 怎么让儿童能够持续保持兴趣?

2. 儿童们之间发展不平衡,两极分化严重,怎么办?

3. 怎么帮助读不下来的儿童?

怎么让儿童保持持续的兴趣?

儿童的兴趣来自哪儿?可能来自文本自身;也可能来自挑战中带来的成就感;还可能来自外部激励。在小学低段,这些手法尽可能同时使用。例如,在选择文本时,要选择有价值的文本,里面包含的主题以及表达方式是充满生命感的,儿童喜欢读。在儿童挑战的过程中,要更多地采用激励技巧,鼓励儿童花时间去一一击破。同时,也可以运用同伴比赛挑战、家庭录制视频作品等方式,帮儿童流利朗读作品。

儿童之间两极分化严重,怎么办?

两极分化是正常的。如果没有长文挑战,我们有时候甚至不明白儿童之间的巨大差异。教育的目的,不是抹平差异,而是让每个儿童按自己的节奏尽可能地向前走。因此,要解决两极分化严重的问题,首先要让长文挑战的任务保持弹性。例如,设立底线即必须完成部分,也设立一些挑战,儿童可以自主选择。在完成时间上,也要有弹性。如果是在课堂上,则可以用角色扮演等方式,把儿童带入角色中,不同的儿童分配不同的任务,自然而然地化解了基础不平衡的问题。

怎么帮助读不下来的儿童?

除了必要的激励外,要有耐心,必要时可以用带读和指读,帮助儿童一段一段地突破,直到拿下整篇。儿童在开始的时候可能很受挫败,如果受到持续的鼓励和支持,那么,一定数量的长文挑战过后,就可能迎来质的变化。教师如果太忙,这个任务可以交给家长来完成。

无论如何,长文挑战的重要性都不能被低估。如果家庭和学校联合起来,把周末和寒暑假也利用起来,那么,就一定能带来儿童语言的跳跃式发展,为下一个阶段的海量阅读,奠定坚实的基础。

儿童自由读写的
时间从哪里来?

做儿童自由读写,面临的一个普遍问题是:儿童读写的时间从哪里来? 毕竟,现实情况是,儿童很忙。白天学校里忙于功课,晚上回家忙于上辅导班或做作业,周末和寒暑假也很忙。而儿童阅读又不是说挤点时间就行,尤其是要完成海量阅读,所要耗费的时间,在某种程度上也是海量的,这个难题,究竟怎么破解?

一

我们把小学六年的学习生活看成一个整体的话,那么,分配给语文学习的时间,除了语文课,读写与训练的时间,应该如何分配?

正确的分配比例,应该是 80% 的时间用于读写,20% 的时间用于训练。而且,年级越低,阅读占的比重越大,训练占的比重越小;年级越高,阅读占的比重越小,训练占的比重越大。写作则相反,随着年龄的增加,写作量在小学高段达到峰值。

为什么?

因为语文学习是属于语言学习,语言学习依赖的主要不是做题,而是输入量。足够的输入量形成语感,这是语言学习的基础和灵魂。哪怕在将来的考试中,80% 以上的内容,也是以读写为主。如果语文学习不以大量读写作为基础,那么,不但危及儿童的核心素养,也危及小学高段乃至于中学阶段的学业成绩。在语文教学中,各管一段,过度强化知识训练,本质上是急功近利,饮鸩止渴。

目前多数学校，训练与自由读写的时间比，是训练达到了 80%，而自由读写只占 20%，甚至不一定有这个比例。在这种情况下，语文教学必然是少慢差费的。

因此，儿童读写的时间从哪里来？

学校首先要做的，教师首先要做的，是在读写与训练之间重新分配时间。通常来讲，在小学一至四年级，重读写，轻训练。并且，训练主要是基础训练，例如字词的落实与积累，而不宜用各种花样的题目，来无意义地消耗儿童的时间。

换句话说，儿童读写的时间，来自语文教学观念更新所带来的结构性调整，加快读写的结构性布局，以达到"高素养 + 高成绩"的结果。

二

儿童读写的时间从哪里来？

还需要提升训练的效率，以便为阅读节约时间。提升训练的效率，有两条途径：一是促进训练的科学化，二是把训练建立在读写能力的基础上。

什么叫训练的科学化？

一是增强知识清单意识，确保识别出儿童必须学习的关键知识，以减轻学习负担；二是加强过关意识，防止会的不会的盲目地学习，提升训练的有效性；三是精选题目，防止盲目订购辅导材料以及试卷，走向题海战术。

换句话说，对知识缺乏研究，对训练缺乏研究，对试题缺乏研究，导致了盲目训练，也挤占了儿童的许多时间。

什么叫把训练建立在读写能力的基础上？

在小学阶段，如果没有足够的语言积累和语言实践，那么，习题训练就是低效的，是典型的少慢差费。举个例子，在低段，乃至于中段，如果有太多五花八门的题目，结果儿童因为阅读能力不足，读题，理解题目花费的时间多，而题目本身又往往缺乏意义，就容易为做题而做题。此外，因为考试训练往往是精确训练，儿童早期需要大量的、浪漫的、丰富的语言材料的积累，在积累没有形成一定规模之前，精确训练的效率很低，得不偿失。

再举个例子。儿童在高段，记不住字词，背不下课文，阅读理解和作文得分率低，基本上都与自由读写的数量不足有关。如果有大量的阅读作为基础，儿童对字词的掌握就变得容易了；如果有大量的自由写作作为基础，儿童的作文就变得生动了，词汇量也丰富了。

整个小学阶段，更应该重视语言积累，而不是习题训练，这些，应该成为共识。基于这种共识，小学的三个阶段，应该采取不同的学习策略。小学低段，在精确训练方面，应该以识字、朗读、写字以及少量默写训练为主，重视词语积累，减少五花八门的题目类型，聚焦以识字写字为基础的基本知识与基本能力。更多的时间，应该留给阅读。小学中段，是海量阅读的关键期，大量的时间应用于刺激阅读，以及开启自由写作，精确训练除继续完成字词积累外，开始增加少量的段落训练，以及初步的习作训练。小学高段，训练与阅读的比重可以对半，训练量可以适度增加，阅读以经典阅读为主，阅读量适度减少，但自由写作的数量要大大增加。

三

上面讲的，是在语文教学时间内，如何协调自由读写与训练的时间分配，以及这种分配，在不同阶段比例如何变化。那么，不同学科之间，时间应该如何分配呢？

从儿童发展的角度讲，语文学科在小学占据着其他学科无法比拟的地位。为什么？因为语文学科不只是学习一门学科，同时，它具有很强的工具性，发展的是学生的基础语言智能，是其他所有学习的基础。

换一句话讲，如果语文学不好，其他学科也很难学好。因为人类的知识，主要是用文字来承载的，识字量和阅读理解能力，直接制约着其他学科的发展。从逻辑上讲，语文学习的精确期，是早于数学、英语等学科的。举个例子，一个儿童数学成绩差，并不一定是数学不好，也有可能是语文不好，是读题能力差，无法同时在头脑中保持题目中的数量条件并理解关系，结果导致了工作记忆的负担加重，影响了运算能力。英语学科也是如此。外语学习，是以母语学习作为前提的。为什么这么说？因为外语学习的高效，是以母语学习的潜在的语法能力作为前提的。

因此，在学校整体的课程设计中，在小学一至四年级，要把自由读写能力的培养，作为全校性的课程战略，而不是语文学习的事情。只有成为学校层面的战略，才能协调各学科之间的时间分配，给读写以更多的时间，以实现整体课程发展最优化。

四

那么，学校层面，如何确保自由读写时间，尤其是阅读时间呢？

在这方面，倡导阅读是必要的，提倡亲子共读是必要的，要求学生晚上在家阅读是必要的，要求学生利用寒暑假加强阅读是必要的。但是——

这些是不可控的。

怎么让阅读保障变得可控？最好的方式，是课程化。课程化最好的方法，不是举办阅读活动，甚至也不是增设阅读课，而是通过把阅读排入课表，让阅读变成一种日常行为。例如，在每天下午第一节课前，排入 20 分钟的阅读时间，学生可以自由进行阅读。因为学生下午到校可能还要早一二十分钟，实际上阅读时间，可能达到 30~40 分钟。学校只要规定这段时间不允许做作业以及其他事情，只能用于阅读，不得喧哗，并且有相应的巡查，那么，不但解决了阅读问题，还改进了校风。如果持续六年，那么，学生的阅读量，就可以有一个基本的保障。一二年级儿童阅读能力不足时，可以由老师组织大声朗读，五六年级阅读量已经过关时，可以转化为自由写作时间，总之根据情况灵活运用。

寒暑假是儿童读写的攻坚期。

这一时期，自由读写可以与自我管理结合起来，实行任务驱动。在任务驱动中，又加入读写挑战，提供丰富的选择，使读写的量与质都保持弹性，给不同水平的儿童更多的选择空间，以促进其整体的提升。

五

儿童读写的时间问题，表面上看起来，是一个时间管理的问题，或者说是一个课程冲突的问题，实际上，是一个课程理念的问题。更深层次，是一个机械学习与意义学习的冲突问题。

在一个机械学习的系统中，学习是箱格化的，被想象成往儿童的大脑里堆积所谓的知识。这时候，堆积的时间越长，堆积的东西就越多。因此，精确的教材学习就成了学习的主流，而基本的学习方式，又是堆积知识以及套路练习。这既导致了学习的低效率，又是学生厌学情绪普遍的源泉。而且，一旦这种学习成了模式，所谓的学习效果（即以应试成绩作为学习效果唯一的考量）就取决于"学习时长 × 学习效率"。

而在一个意义学习中，节奏感是非常重要的。生命的发展犹如四季，不同的季节，不同的时辰有不同的重点。在六年的周期中，不同时段有不同时段的重点；在同一空间内，不同学科，以及同一学科不同的学习内容，有自己的结构；在同一天，同一周内，学习也是有机的，绝对不是机械的时长堆积。

举个例子，以教材为核心的精确学习，往往需要学生的注意力高度集中，并且运用意志力去克服困难。然而，刚不可久，一名儿童，四十分钟一节课，都不可能全程注意力集中，需要教学设计保持一种节奏感，将不同的任务交织起来。那么，一天呢？儿童能始终保持高强度的精确学习吗？一周呢？一个月呢？一年呢？六年呢？都不可能。自由阅读是相对浪漫的，被动输入的，儿童在阅读的大部分时间里，感受是愉悦的，学习是潜意识中发生的，这就与精确学习形成了张弛有序的节奏，从而提升了整体效益。如果没有自由读写，一味地强调训练，必然与儿童的身心发展形成冲突，最终导致类似低品质的勤奋之类的情况出现，效率反而低。不仅如此，还损害了儿童的健康与休息，乃至于损害了儿童的精神与心理。儿童普遍沉迷于游戏或电子产品，逃避学习，就是这一压力下的自然反应。

所以，表面上是一个儿童读写时间从哪里来的问题，骨子里，涉及一所学校的整体变革。没有这种整体变革，尝试在已经满了的课表里，再挤入阅读，阅读必然流于形式，至少数量严重不足，达不到应有的效果。

一旦思路调整，儿童阅读就是必然和自然的。而且，与学科学习相辅相成。我们缺乏的不是时间，而是更好的儿童发展观，更符合这个时代要求的课程意识。

如何推动留守儿童阅读？

　　许多城市家庭，儿童阅读做得十分出色。家庭丰富的藏书，良好的社区图书馆环境，高品质的亲子共读……高知识素养的父母比例非常大，儿童阅读就容易落到实处，儿童也容易养成高品质的阅读习惯。

　　然而，乡村呢？尤其是留守儿童呢？

　　对于有志于儿童阅读的乡村教师来说，留守儿童的阅读，尤其是在家阅读，就是一个难以破解的课题。毕竟，手机、游戏，正在乡村儿童中间蔓延。

一

　　留守儿童回到家，陪伴的，往往是爷爷奶奶，功课辅导都有困难，更何况，爷爷奶奶还未必认同阅读，这似乎是极大的劣势。但是，且慢，我们想象一下，留守儿童独自在家或由爷爷奶奶陪同，带来的优势是什么？

　　有两大优势。一是留守儿童实际可支配的时间，比城市孩子更多，包括不必去上辅导班；二是留守儿童，普遍生活自理能力比较强。教育不能只看到条件中隐含的不利的一面，更应该看到条件中隐含的有利的一面。这有利的一面，就是乡村儿童，更有可能发展自我管理能力。

　　为什么乡村儿童，更容易发展自我管理能力？一方面，父母大多数不在身边，或者在身边也非常忙的情况下，儿童自己的许多事情只能自己做，得不到父母的协助，这就为自我管理创造了可能；另一方面，乡村儿童的自理能力强，又为自我管理能力提供了能力基础。

　　然而今天的乡村，儿童又是最难管教的。为什么？因为乡村青年人外出打工多，老年人文化水平不高，这样的生存环境，无形中塑造着乡村儿童，催其早熟，过早地中断了合法延缓期，被迫去回应社区环境带来的压力。也正是因为这个原因，相比于城市儿童的阅读，乡村儿童阅读的推进，更有必要，更为迫切。

　　那么，从何入手？

二

　　师生关系，是推进乡村儿童阅读的最好的切入点。

　　不成熟的乡村教育，往往会对乡村文化以及这种文化下形成的儿童产生应激反应。例如，更多地用简单粗暴的方式管理乡村儿童，以此来确保教育秩序。简单粗暴的管理，又强化了儿童的原有模式，就容易陷入恶性循环的模式。

　　在某种意义上讲，许多乡村儿童是缺乏真正的关怀的。在乡村教育中，无论是学校教育还是班级教育，逐渐避免一味的严厉甚至粗暴，把爱与规矩结合起来，非常重要。要不断地向学生传递一个明确的信息：我爱你们，你们也应该爱护彼此，我们是一家人。许多时候，越是表现粗暴的所谓问题学生，越是缺乏关爱。而惩罚，无法从根本上解决问题。

　　那么，良好的师生关系是怎么建立起来的？

　　一方面，是在相互对待中表现出来的；另一方面，阅读在其中起到了非常重要的作用。尤其是班级共读，会帮助班上的所有儿童，形成一体感，一种我们是一家人的感觉，这就是我们经常所谓的形成共同的语言与密码。有一些作品，在这个过程中，起着尤其重要的作用。例如低段的绘本《猜猜我有多爱你》《我是霸王龙》《逃家小兔》等，每一次的共读，都是一种文化的浸染。而中段的《夏洛的网》，高段的《小王子》，都是用于一个班级相互驯养的极好的书。通过这些图书，既建立了更好的师生关系，也同时让儿童跟书籍建立关系，用书籍去润泽生活，对抗粗俗。

　　良好的师生关系是基础，帮助乡村儿童逐渐恢复自尊，则是乡村教育的核心。

真正地恢复自尊，当然依赖于通过不断地挑战获得成就感。但是，类似于《丑小鸭》这样的作品，可以帮助儿童建构内在的自我理解模型，这是非常重要的。

而帮助乡村儿童寻找生命意义，则是乡村教育，包括乡村儿童阅读的重要目标。无论是《花婆婆》《小黑鱼》系列，或者像中段的《彼得·潘》《秘密花园》《时代广场的蟋蟀》，还是高段的《特别的女生萨哈拉》《青鸟》等，都是非常好的共读书籍。

越是乡村，越强调共读，是因为亲子共读不易形成，学校也好，班级也罢，可以通过共读，而不是外在地讲道理甚至训斥，来帮助乡村儿童理解自我，并找到或至少去寻找自己的道路。

三

如果没有爱，没有自尊，没有对生命意义的追寻，那么，强调乡村阅读，就变成了往空洞的灵魂里填塞知识，意义非常有限。在这种背景下，抓阅读就像抓吃药，成本高，效果差，流于形式。

有了师生关系的改善，有了共读的文化建设，班级风气，乃至于学校风气才会发生转变，这才为阅读创造了土壤。在这种情况下，除了城市学校或班级推进阅读的一些基本的策略，乡村还可以有自己独特的解决方案。

方案一：给儿童，尤其是留守儿童按居住区域分组，捆绑阅读。

举个例子，同一个村子，住得很近的一群儿童，可以每五六个人一个小组，每天放学带一定数量的书籍回家，一起阅读或交换阅读。如果有留守儿童无人管理，则可以约定一起阅读；如果在家能够自我管理或有爷爷奶奶督促，也可以交换阅读。

可以给阅读小组起一个十分拉风的名字，也可以经常给阅读小组一定的激励，但是，通过小组的方式，能够有效地克服一个人独自读书时的懈怠懒散。

方案二：无法控制过程时，就管理结果。

举个例子，儿童在家不读书，没有人管。通常的思路是找人来管，或者抱怨父母，抱怨爷爷奶奶。如果我们换一种思路呢？把坚持阅读变成一个自我管理过程，跟儿童约定每天晚上回家读多少，规定好底线。第二天到校，简单地检查后进行反馈，激励为主。还可以将阅读数量清单化，儿童看到自己的进步，也会特别开心。一旦儿童做不到，要有平常心，帮助儿童一点一点地复盘，看哪个环节出现问题了。这样复盘几次，儿童感觉到老师不是在指责他，而是在帮助他。而且，再不用心读，自己也很不好意思。

经常性地开展阅读大挑战，也是特别有好处的。

方案三：以输出倒逼输入。

阶段性地使用阅读分享技巧，由儿童轮流进行分享。分享的关键，不是复述，而是让儿童保持注意力。初级阶段，可以分享故事，照猫画虎地讲故事，看谁讲得完整而生动，人人有份，轮流进行。儿童为了分享，至少阅读态度就会发生变化。再往后，可以采用主题分享的方式，围绕书中的主题来发表意见。最终，还可以给不同的小组，分配不同的任务，去研究系列小说的作者或作品，再与大家分享。或者给一批书，分享其中共同的部分，例如主题。这样，能促使儿童深入地阅读。

有些时候，我们可以把劣势变成机遇。

例如，留守儿童家长不在家，我们可以鼓励儿童每周或每月，录制音频，故事或者阅读分享，或者演讲，向远方的家长汇报自己的学习成果。也可以把自己的读书笔记做成作品集，制作出来发给爸爸妈妈，或电子稿或打印稿。

读书笔记可能非常简单，简单到一本书寥寥无几。但是，每一本书都做一个简要的记录，哪怕是简单的摘录，一天天汇聚起来，就会觉得特别有成就感。

四

乡村儿童阅读，尤其是留守儿童阅读的难度究竟在哪儿？

实际上，不是在儿童那里，而是在老师那里。因为乡村老师，也往往是不读书的，缺乏读书的深层动力。

所以，对于乡村的校长来说，要想清楚一个问题：我想要打造一所怎样的乡村小学？仅仅是为了迎合上级部门的需要，把成绩抓上去吗？还是说，我怀着乡村教育的使命感，通过创造一种基于阅读的校园生活，影响这一片土地上的文化基因?对于乡村的老师来讲,要想清楚一个问题:我想要打造一个怎样的班级?仅仅是在学校或教育系统的环境下,做一个只抓考试的人,甚至连考试都不抓,还是守着一间教室,把图书和关于图书的一切都带给儿童,让它成为一份礼物,能够让遭遇到你的儿童受益终身?

如果答案是后者,那么,你就是一所学校真正的领导,一间教室真正的领导。

当你捧起书,眼睛开始发亮,灵魂也开始丰盈时,儿童就变化了,教室和学校就变化了。当你觉得你有责任让儿童爱上阅读,你就会去努力地影响每一个儿童,影响每一个家庭。

否则,你会归咎于儿童,归咎于家庭,归咎于校长,归咎于你所处的环境。青山绿水在你那里,不再是一份恩赐,反而成了一份诅咒。

所以,乡村儿童阅读怎么抓?取决于你啊,亲爱的乡村老师。你的愿望,将深刻影响一批儿童的未来,你准备好了吗?

儿童如何学习文言文？

文言文已经出现在统编本小学教材中了，甚至出现在了三年级上下册。那么，文言文到底应该怎么学？

一

首先要思考一个问题：在小学阶段，当儿童学习文言文的时候，到底在学习什么？

对小学文言文学习最大的误解是，我们以为，我们在教孩子学习一门古代语言。一旦这样思考问题，我们就会根据文言文的难易程度来编制文言课程，例如，容易选择一些短小的、有趣的、易于理解的文言文，作为儿童学习文言文的入门。现在流行的小古文课程，就是这样的思路。这个思路有两个问题：一是它以为，在小学阶段，儿童学的是浅易的文言文语言；二是它的编写，基本带有文选性质，顶多是相似主题的集合。

那么，在小学阶段，当我们学习文言文的时候，应该去学习什么？

答案很显然，应该去了解和理解古人的生活世界，能够"看到"这个世界中一个个鲜明的人物形象，能够尝试进入古人的心灵世界并发生共鸣，能够感受到一种很中国的文化精神。而文言文，或者说古代语言的学习，只是工具，从属于这种指向内容的学习。

这种学习，是从更早的时候甚至学前就开始了。当幼儿们吟诵着"鹅鹅鹅，曲项向天歌，白毛浮绿水，红掌拨清波"时，吟诵着"床前明月光，疑是地上霜。举头望明月，低头思故乡"时，文言文学习就开始了。但是，这仅仅是在学习语言吗？或者主要是在学习语言吗？显然不是。孩子是在进入一个生活世界，或者说一个精神世界。在那个世界里，月亮是看得见的，思念也是特别绵长的。每到佳节，或燃爆竹，或登高望远。皇宫里笙歌彻底不停，而隐士或"独坐幽篁里，弹琴复长啸"，或"只在此山中，云深不知处"。儿童学习古诗，就是温习经典，温习经典，就是进入经典所显现的古代世界，一个生活的、精神的、文化的世界，而不是主要在学习实词虚词，一词多义，句式语法。

因此，至少在文言文的早期学习阶段，语言学习并不是文言文学习的重点。文言文学习的重点，是把儿童带入古典的、生活的、精神的、文化的世界，让儿童去感受古代生活跳动的心脏，生动的人物，活泼的精神。学习的方式，也是感受的、思辨的、穿越的、对话的，而不是机械的记忆，和词义层面的理解归纳。

二

所以，文言文的学习，到底要经历哪几个阶段？

当儿童在咿呀着"鹅鹅鹅，曲项向天歌"的时候，与其说他在学习文言文，不如说他在学习儿歌。早期儿童所学的一些浅易的古诗，在本质上，就是儿歌——文言儿歌也是儿歌。因为儿童在学前，乃至于一二年级，并不适合学习古诗。

为什么？不是学前就可以背诵大量古诗吗？许多人不是拿古诗当成启蒙的好材料吗？

这背后，是一种落后的教育学，是读经运动的理论基础，认为可以利用儿童早期的记忆优势，把某些所谓的经典提前背下来，以后再慢慢去理解。批评这种观念不是本文的任务。我只想表明一个立场：凡是不经理解而记忆的知识，都不是真正属于你的知识；凡是以这样的方式教授儿童，在教学伦理上都是不合法的。

古诗绝大多数不是为儿童创作的，是成人为成人读者创作的。在没有儿童观念的时代里，儿童当然只能接受成人世界的作品。但实际情况是，儿童对意义的理解经历了一个过程，语言学习中，意义学习早期表现为一种节奏感。对摇篮里的幼儿来说,节奏就是意义,可以让他安静;噪音就是无意义,让他变得烦躁。因此,儿歌童谣,是幼年最好的礼物之一。从二年级开始,儿童才逐渐完成从儿歌童谣向儿童诗的转移,对节奏的敏感,进化为对儿童诗内在节奏以及意义的理解。这种理解无法用语言来表达,但是,可以通过朗读来传递。

二三年级,大量的儿童诗歌,能提升儿童对语言的敏感度或者说分辨率。到了三四年级,古诗的真正理解就变得可能。而全人之美课程在四年级和五年级之交有一个特别美好的课程,就是"在农历的天空下",是每天一首古诗词的持续领会。而且,"在农历的天空下",本身就创造了一个古典的生活场景和文化场景,创造了古代人物精神展开的舞台,把儿童带入其中。这一年的古诗词的浸染,算不算文言文学习?当然算。古诗,难道不能叫成"文言文诗歌"?

三

有几百首古诗奠定基础,接下来文言文的学习,就顺理成章了。

例如《世说新语》课程。文字虽短,但生动鲜明,一个个魏晋人物跃然纸上。这是一个文学的自觉时代,也是一个人的自觉时代。哪怕在今天,我们看到的金庸小说中的相当数量的人物原型,仍然取材于魏晋。

当儿童在学习《世说新语》时,首先也不是学习语言,而是进入一个世界。这是一个乱世,但同时又是一个门阀世界,或者说是一个贵族世界。看到的,是高尚的人格、是行为艺术或艺术人生、是乱世中的惊惧与骄傲、是人性中的卑劣与高贵。儿童经历这些,穿越这些,或惊愕或沉醉,不知不觉间,生命中也蒙上了一些色彩:崇高的、优美的、自由的、艺术的。而这,正是学习《世说新语》的核心意义。

儿童要领会这些,必须穿过语言的障碍,这就带动了文言文的学习,并且,赋予了文言文学习以强烈的动机,让它变得不再枯燥。而正是在这种情况下,字词掌握到什么程度?语法句式掌握到什么程度?我们也有了必要的边界。这个边界就是:确保对文本的基本理解。

换句话说,我们没有必要聚焦于句式语法,没有必要去纠结一词多义,没有必要搞清楚虚词的精确用法，我们要做的，是在上下文的语境中读通，不影响理解即可。这样，就极大地减轻了学习负担，尤其是机械学习的负担。

这样的话，儿童也可以学习更多的篇目。而且，这些篇目之间的关系，也不是根据难易程度的汇编，或按外部主题编排的，而是一个前后相接的展开的世界，这就是课程。经历的文言文数量越多，儿童阅读文言文的速度越快，理解力也就越好。一直到某一天，达到"文言阅读自动化"为止。

四

那么，能不能在这个过程中加入训练呢？

当然可以。

例如，从学习内容中抽取出若干片断或全文，去掉标点符号，让儿童自行断句，再与原文对照，就是一种极好的精确训练文言语感的方式。

除此之外，常见的实词、虚词、句式、用法，能不能讲？当然可以。只是相对于中学阶段精确的文言文学习，小学处于文言文学习的浪漫阶段，这些精确的教学，只是大浪漫中的小旋涡，要非常克制，根据学生的接受能力、时间以及学习动机，只选择最核心的予以教学，也能够提升浪漫学习的品质。把握住这种分寸感，有益无害。

包括背诵也是。特别经典的片断或文章，学生喜欢了，也会自然地背下来，但不要强求所有的部分都背下来。

从文言文语言的角度讲，小学阶段学习的关键，是利用大量的文言输入，形成文言语感。同时用少量的精确教学，提升文言文学习的整体品质。而在这个过程中，至关重要的是保持学习兴趣，学习兴趣的关键，是学习材料本身的价值，以及与儿童心理发展的高相关性。

换句话讲，文言文学习和一切学习一样，输入量才是王道。从古诗词到《世说新语》这样的课程，并不是小学的终结。学生的潜力是巨大的，如果你愿意，还可以在小学开发更多的文言课程，例如文言小说、《儒林外史》选篇、唐宋或明清小品文系列，以及以主题为人物为单位的编选，例如苏轼的诗文等。

在全人之美课程中，有一个课程是三国课程，就糅合了《三国演义》和《三国志》。作为小学高段的一个浩大的课程，它预示了课程可能抵达的深度和广度。

五

如果在小学阶段，儿童有十多万字乃至于几十万字的文言文积累，这个数量，远远超过了中学六年文言文学习的总量。而且，被证明是可行的。那么，到了中学阶段，就可以利用文言文课文来进行精确教学了。并且，因为有小学浪漫学习的基础，精确教学的效率将变得非常高。

中学阶段，就可以引入精确学习文言的策略，避免精确学习领域的无意义学习，即简单的背诵和刷题。

我们知道，靠刷题解决中学文言文学习的绝大多数学生，进入大学，是没有能力阅读古代文献的。许多学生，甚至在高中阶段，读不懂历史或政治教材中材料里的文言文。如果小学有了良好的文言文学习，那么，这个问题就会顺利地得到解决。

中学生的学业负担重，因此，小学阶段，以正确的方式学习文言文，是有必要且很有意义的。可惜的是，小学教材上文言篇目也特别有限，大体也是教材思维而非课程思维，这就有赖于更多的学校和教师，大胆创造，开发出能让学生终身受益的文言文课程。

倘能实现，善莫大焉。

电影课程的诗与思

一

当一个孩子在观看一部电影的时候，究竟会发生什么？例如，一个学龄初期的孩子在看《狮子王》，他究竟看到了什么？

他看到了广阔的草原，看到了那一轮令人心潮澎湃的太阳，看到了无数生命在太阳下，在草原上奔跑，看到了一个生机勃勃的世界！当然，他也看到了他的父亲，宽厚仁慈，但又充满威严的狮子王，以及温柔的母亲。

"他的父亲？"

是的，他的父亲。当孩子在"观看"一部电影的时候，他事实上也进入了一部电影，在意识层面，这是一个狮子的故事，而在潜意识层面，这是他自己的故事。他就是辛巴，辛巴就是他。故事能够牵动一个孩子的神经，让他欢欣、悲伤，正是因为他入戏了，成了故事的主角，这就是所谓的自居作用。

在这个意义上，电影是一种潜意识的引导：你的出生是一个奇迹，本质上乃是一个王者的出生。这个世界，就是充满欢呼声的你的王国。

然而，刹那的明亮过后，是长长的黑暗——刀疤出现了。

是你的好奇心，是你对于伊甸园，不，对于狮王统治的世界边界的突破，导致了灾难。你无意中害死了国王，自己的父亲和保护者。土狼横行，刀疤窃据了王位。原本生机勃勃的王国陷入了黑暗，大地被阴暗笼罩，而你被迫逃离，怀着深重的罪孽在异乡流浪。你不再是个奇迹，不再是那个背负使命的王位继承者，你被放逐了，最重要的是，你被自我放逐了。你遇到了狐獴丁满和疣猪彭彭，两个伊壁鸠鲁学派的哲学家，他们劝告你说，不必背负那些压力，要学会忘记过去，及时行乐。与其做一只痛苦的狮子，不如做一头快乐的猪。

在沉沦中，辛巴渐渐地长大了……有一天，他遇到了青梅竹马的母狮娜娜。

辛巴被迫面对一个选择：是继续当下这种及时行乐的生活，远离痛苦的记忆，也远离未知的恐惧，还是肩负起自己的责任与义务，冒着死亡的危险，去夺回王国，让大地重新焕发生机？

显然，辛巴很难依赖自己内心的力量完成这个选择，必须有人帮助他。而帮助者，就是狒狒拉飞奇，狮子王国的智者、导师、辅佐者，以及父亲的幽灵。

他们是怎么帮助辛巴的？他们帮助辛巴理解这个选择背后的深层意义，选择的关键是什么？

狒狒拉飞奇一语中的："问题是，你是谁？"

而父亲木法沙的幽灵也提醒："你已忘了你自己，所以连我也忘了。"

是啊，当你和猪一样在泥土里打滚，以虫子为食的时候，你可能觉得自己很快乐，但关键是，你到底是谁？你真正的使命，是成为你自己啊！

所以，狒狒拉飞奇进一步指出了辛巴所面临的处境的本质：

"过去可能沉痛，但我认为你可以选择逃避，或从中学习。"

换句话说，当你选择了猪的生活，那绝对不是自由选择。真正的自由恰恰在于，无论未来的路有多艰辛危险，你必须成为你自己。这是你的自由，也是你的宿命，你不能逃避它！

你是谁？

你是作家吗？作家必须写作！你是画家吗？画家必须作画！你是将军吗？将军必须率兵作战！如果你是老师呢？你要修炼狒狒拉飞奇和父亲木法沙这样的引导力和穿透力，把每一个生命带出绝境，让他们远离平庸，远离猪的生活。

一旦辛巴做出了正确的选择，他就重新成为一头狮子，在精神上，在真正意义上成为一头狮子，他开始像一头真正的狮子那样去思考和行动。于是，刀疤和土狼被打败了，欢呼声重新响起，大地又恢复了生机。

而故事又回到了开头，直到下一个辛巴出生，故事又重新开始，似乎陌生又如此熟悉。因为，所有的故事都曾经发生过。

二

正因为所有的故事都曾经发生过，电影课程才有意义。

伟大的故事多半是虚构的，但只要故事本身是伟大的，它就蕴含着本质的真实，从而像预言家一样，有可能给孩子们的生命以关键指引。

经由自居作用，孩子们潜意识地理解了《狮子王》。所谓的理解，乃是逐渐地形成一种深层的心理结构。一旦孩子未来遇到人生的困境，这种心理结构，在合适的条件下，就有可能被唤醒。孩子可能更倾向于思考："问题是，我是谁？"

那么，电影课程的意义在哪里？

1. 为特定年龄阶段的儿童选择有价值的电影（伟大的或卓越的）；

2. 以合适的方式帮助他们真正地理解，转化为生命中的重要营养。

前者涉及课程问题，后者涉及教学问题。

所谓"为特定年龄阶段的儿童选择有价值的电影"，是指所选择的电影，涉及的主题或问题，与儿童当下遭遇的主题或问题高度吻合，从而为儿童理解自己以及世界提供重要的资源。

《狮子王》涉及的是成长主题。一个孩子总要长大，要明白"我是谁"，要处理自己与父亲的关系。而儿童面临的主题不只有这些，还包括爱、安全、友谊、正义、自然、自由、意义、信仰、对话……而伟大的或卓越的电影，总是对某个重大主题或问题的回应。例如《肖申克的救赎》《阿甘正传》《美丽人生》《少年派的奇幻漂流》《十二怒汉》《百万美元宝贝》《摔跤吧爸爸》《楚门的世界》《拯救大兵瑞恩》《魔戒》《黑客帝国》《七武士》《罗生门》《地球上的星星》《功夫》《大话西游》《杀死一只知更鸟》《至暗时刻》《功夫熊猫》《自闭历程》……

主题，或者说问题，可能是普遍的，也可能是特别的。

例如《狮子王》所涉及的主题是普遍性的，是每一个儿童必然要面对的。然而，《自闭历程》《地球上的星星》之类，则探讨了特殊儿童的问题：

1. 如果我们是特殊儿童，我们如何看待自己？

2. 如果我们周围有特殊儿童，我们如何看待和对待他们？

当然，这些问题的背后，总是指向一些大问题，例如个体与社会之间的关系。在一个所谓正常的社会里，自闭症也好，阅读障碍症也好，总会被视为问题。而这样的电影则在告诉儿童，这只是社会定义的结果。如果你是一个所谓的特殊儿童，不要轻易地被社会所定义。接受自己的特质，就像接受上帝的一份礼物。然后利用它，去成就独一无二的自己，并在这个过程中学会与社会和解。

主题，或者说问题，可能是指向自我的，也可能指向外部世界。

例如《杀死一只知更鸟》和《撞车》，就涉及种族问题，而《飞越疯人院》《楚门的世界》，则是反思体制化的杰作。《十二怒汉》《罗生门》探讨了偏见，以及我们如何开展真正的对话，而《拯救大兵瑞恩》则提出了一个问题：让一群人冒险去拯救一个人，是否值得？

电影课程要回答的问题首先是：

1. 这是一部能够发展孩子的电影吗？

2. 这是一部此时此刻最适合孩子的电影吗？

前一个问题，是关于"好电影"的讨论。例如《速度与激情》，这是一部娱乐电影，娱乐电影的意义在于让人放松，但不是帮助人去思考。你不能把《速度与激情》看成是探讨友谊的电影，因为在这里，友谊只是一个框架，影片真正冲击观众的，是肌肉男、美女、紧张的赛车、精彩的打斗。在这个意义上它是一部好电影，但是，一旦你希望一部电影真正地触及儿童的成长与思考，它就成了一部"坏电影"。

后一个问题，是说哪怕是一部好电影，它适合带给这个年龄阶段的儿童吗？它适合带给此刻处境中的儿童吗？你不能让青春期的孩子总看动画片（虽然有的动画片对青春期同样有益），同样，你也不能让小学生看涉及青春期主题的电影。哪怕相似的主题，在小学和中学，也以不同的面目出现。

例如，你可以把《狮子王》带给小学生，但是，只有中学生，才能真正地理解《哈姆雷特》，尽管这两部电影涉及的同样是一个俄狄浦斯式的故事。

三

那么，怎么样才能把一部好电影，真正地带给儿童？

儿童很可能会浪费一部好电影，甚至如同买椟还珠一样，只注意到一部电影的声色部分，而意识不到电影真正的内在价值。电影课程的意义，就在于带领儿童深入探索一部电影，把真正的珍宝带回来。

以《狮子王》为例，需要通过教学，帮儿童弄清楚一系列的问题。

1. 如果一切可以重来，辛巴会听父亲的话，老老实实地待在王国的界限以内吗？

2. 导致木法沙死亡的原因究竟是什么？

3. 如果你是辛巴，在遇到娜娜之后，你会选择继续和丁满、彭彭快乐地生活在一起，还是去挑战刀疤，哪怕挑战会失败，会面临死亡？

儿童最初的认识会非常有意思。例如，儿童会认为，如果辛巴不好奇，不接受刀疤的教唆，那么，就不会引来灾难，导致父亲因他而死亡。显然，辛巴犯了一个错误，他要是不犯这个错误该有多好啊。然而事实上，这是一个正确的错误，甚至是一个伟大的错误。听话的辛巴，不犯错误的辛巴，是不可能真正地成长的。哪怕形体上长大了，也只是一个巨婴而已。

显然，这是一个古老的原型的摹写。就像亚当和夏娃在蛇的诱惑下吃了苹果，从此丧失了伊甸园一样，这是"必要的丧失"，辛巴也是在刀疤的诱惑下跨出了边界，从此丧失了父亲的庇护，不得不独自面对整个世界，这也是"必要的丧失"。

辛巴真正的对手是刀疤吗？表面上是，但实际上，辛巴真正的对手是木法沙。辛巴与木法沙潜意识里的争斗，则是人类社会无数家庭反复上演的原型故事，是"新神反对旧神的战争"，即心理学上所谓的弑父情结。父亲（旧神）说："不要长大，永远臣服于我，接受我的庇护吧。"辛巴（新神）说："不，我必须突破你的阻挠，甚至杀死你，建立属于我的王国。"

你会跟小学生去讲伊甸园，讲俄狄浦斯情结吗？当然不能。但是，一旦教师领会了故事的深层奥秘，领会了成长的深层动力，就可以让故事保持在潜意识状态，并且通过讨论来强化。例如，辛巴会听父亲的话，老老实实地待在王国的界限之内吗？当然不能。因为随着辛巴的长大，他的身体和思想，必然会突破被划定的界限，这就是成长的力量。辛巴如果只是一个听话的孩子，他就无法成长为真正的狮子王。也就是说，经历磨难，是成为狮子王的必由之路。

而讨论的核心，是帮孩子理解关键选择的意义。

辛巴在遇到重大挫折（导致了父亲之死）后，与丁满和彭彭生活在一起，是一种非常自然的反应，是心理学上的"退行"。在某种意义上，这是一种"必要的沉沦"。辛巴需要漫长的休息和整理，需要一段时间"放下"，直到选择时刻的来临。

选择时刻也是转变时刻。辛巴必须明白选择的意义，明白问题的性质，才能够真正地完成变化，迎来自己的成人礼。而这一步，必须有导师的参与。为什么导师不早些出现？因为辛巴还没有准备好。只有辛巴准备好了，导师才能帮助辛巴完成最后的关键一跃。

经由电影课程，儿童也理解了辛巴的处境，理解了辛巴的选择。而既然所有的故事都曾经发生过，那么《狮子王》的故事也必然在儿童身上发生，在某一时刻发生。当生活向儿童提出类似的问题时，儿童潜意识里已经准备好了答案。

这就是电影课程的意义。

四

通过这个案例，我们已经可以隐约窥见电影课程的基础教学模型。这种教学模型，本质上是心理学模型，以及哲学模型的转化，是我们处理经典电影的核心技巧。哲学模型，主要跟主题相关，例如《狮子王》中的"我是谁"，心理学模型，除了有时候与主题相关（例如关于安全感），更主要的是与教学相关，教学是必须基于心理学的。

如果用一句话来概括这一技巧，就是"把儿童带入选择"。

在《狮子王》中，就是把儿童带入辛巴的选择之中，帮助儿童思考：你究竟应该如何生活？这种思考必须让儿童去通过经历，而不能通过讲道理，或者总结中心思想来完成。因为告诉孩子应该选择怎样的生活是没有意义的，而儿童经历了真正的思考后所认同的选择，才能够真正地深入儿童的潜意识，化为成长的一部分。

怎么做到这一点？

可以把这一模型或技巧分解为三步：

1. 自居：或把儿童带入情境。
2. 选择：理解问题的深层意义。
3. 迁移：与自身的生命和生活相关联。

儿童必须自居为辛巴，才能理解辛巴的选择。否则，儿童永远是在外部评判，而不是内在选择。只有儿童进入情境，在想象中不知不觉地自居为辛巴，儿童才可能承受选择的痛苦，才可能以审慎的态度权衡选择的各个要素，才可能建构起真正的理解。如果儿童一点都感受不到辛巴选择放弃和丁满、彭彭一起生活的那种无压力快乐时的犹豫，感受不到因自己而让父亲死亡时的那种内疚，感受不到即将面对刀疤而结果未知时的那种恐惧，那么，儿童的选择就是轻率的，因此也就不是一种真正的选择。

把儿童带入情境，才是课堂讨论的基础。

有了这个基础，就可以进入关键抉择，帮儿童理解这一抉择的深层含义。儿童的年龄不同，讨论的方式不同。越低年龄的孩子，讨论越偏重于诗；越高年龄的儿童，讨论越偏重于思。偏重于诗，就是偏重于放弃概念，把儿童带入感受；偏重于思，就是偏重于用概念去把握问题，把儿童带入思考。

例如，对于年龄较小的儿童，我们会说，它只能是狮子，它不能把自己变成猪。虽然猪似乎很安全很快乐，但狮子的使命或者说命运，就是成为草原上的主人，成为国王。何况，辛巴本来就是王子，只有成为国王，他才能够真正地赢得所有人的尊重，包括父亲，这时候，辛巴才是一个有责任感的狮子，而他的快乐，才是真正的快乐。狮子应该拥有狮子的快乐，不应该只有猪的快乐。而对于年龄较大的儿童，则可以在概念的层面探讨"我是谁"的问题。

有了这种深入的讨论，最后还要完成迁移。将这些思考与我们的生命、生活连接起来。

我们是在讨论一个狮子的命运吗？不只如此。"一切故事都是我的故事"，而我们，实际上也一次又一次地经历愿望的破灭，一次次地经历沉沦。然而，我们能一次次地跃起吗？生物的本能，一次次地让我们滑向猪的生活，我们该如何像一个王者一样，将日常生活，建造成王国史诗？

五

这里涉及了电影课程，乃至于一切生命课程的深层奥秘。

这一奥秘可以概括为两个要点：

1. 让问题与儿童建立起深层联结。

2. 让儿童进入真实的思考。

如果不能让问题或主题与儿童建立起深层联结，那么，问题就不是儿童的问题，而成为一个他者的问题。只要是他者的问题，思考就无法牵动儿童的存在本身，就无法转化为儿童生命的营养。

所谓的深层联结，是指一种潜意识的联结。其核心，是通过对本能反应的接纳，让儿童产生潜意识的认同或自居。例如，我们如果总是贬低"猪一样的生活"，视为不好的，那么，儿童就无法与问题建立深层联结。因为渴望像猪一样生活，跟渴望像狮子一样生活，都是儿童自我的一部分。否定了前者，将无法建构后者。前者是一个生命的自然，后者是一个生命的自由。对前者的充分接纳而不是排斥，才能带来对后者的真正领会和朝向。只有让儿童意识到，我们实际上都首先会沉溺于猪的生活，儿童才会有一种被看见的感觉："啊，我也是这样的。"这让自居成为可能。

有了这个基础，对核心问题的思考，才是"我在思考"，而不是空洞的道理或评判。此时的思考，也才是审慎的、全面的权衡，而不是一种简单的道德批判，甚至站队。

荣格讲过一句话："潜意识如果没有成为意识，它就会引导你的人生而成为你的命运。"而生命课程的深层奥秘，就是进入潜意识，使潜意识成为意识，然后再使反思过的意识成为潜意识，从而在更高价值上引导儿童的人生，甚至命运。

另外，越在儿童早期，课程越与自我以及儿童自身的问题息息相关，课程也越偏重于诗；越在儿童晚期，课程越与社会以及外部世界的问题息息相关，课程也越偏重于思。例如，青春期的儿童，会更愿意讨论诸如正义之类的话题，甚至在《十二怒汉》这样的电影中，讨论对话本身，讨论人的偏见，以及达成共识的可能性。

早在几千年甚至更久，人类就已经学会了讲故事，以及在篝火旁演出戏剧，通过影像来塑造自身以及后代。电影发明后，这种塑造更为精致且充满自觉，但也带来了某种危险，尤其是媚俗带来的年轻一代的迷失，以及价值观的失落。

电影课程的意义就在于此，它是指向人而不是知识的。这是教育者的一种高度自觉，为不同阶段不同处境的儿童，选择特定主题的优秀电影，以诗与思的方式，将相应的主题编织进儿童的生命里，从而让我们的后代，经由这些有价值的故事，成为一个更丰富、更深邃、更有价值观，并且更自由的人。

为什么不要让孩子去学习速读？

现在有一种读书方法，叫速读，又称"全脑速读"。声称传统阅读法是慢读，即按照字、词等少数几个单字为单位逐个阅读。而速读或快速阅读则是一种充分开发快速阅读者扩大视觉感知能力和左右脑协调快速处理视觉信息的巨大潜能，从文字读物中迅速提取有用信息的高效读书方法。它是将被阅读的文字以组或行、块为单位进行大小不一的整体阅读，而"组"或"块"内所包含的往往可能是词组、半行、一行、多行甚至整页内容，它是一种让我们能够从文字材料中迅速接收信息的阅读法。

实际上速读术兴起很早，与类似的记忆术、大量识字等均属于同一个家族。近二十年前我就尝试学习过，不了了之。现在当然知道速读是有问题的，但是到底有什么问题呢？我尝试来说一说。

一、阅读到底是怎么一回事？

说"传统阅读法是慢读，即按照字、词等少数几个单字为单位逐个阅读"，这是对自然阅读或传统阅读的误解。

一切有意义的阅读，都不是所谓的以字词等少数几个单字为单位的逐个阅读，这不符合大脑习惯。大脑的习惯，一定是结构优先的，或者说意义优先。结构优先就是说阅读是以模块（即所谓组、块）的方式进行的，但比速读术所说的要复杂得多，速读术所说的，只是假想的机械阅读的升级版。它先假定阅读是一个字一个字读，然后组成块，之后声称速读是一个块一个块甚至半页整页地读，所以速度就提升了，但关键是，阅读并不是这样子。

那么，阅读是一个怎样的过程？阅读是一个建构意义的过程。打个比方，阅读就像警察勘查罪案现场。勘查现场并不是一个按一定的程序逐一察看的过程，而是包含了一系列的心理活动。例如，警察会猜测、推断，然后根据猜测和推断的方向，再去有目的地看相应的细节进行验证，若符合推断，就继续，不符合推断，就调整假设，再调整观察对象。如果是自动录像，会平均地记录一下表面的东西，这个平均包括了时间和空间上的平均，但警察不是这样看的。他会根据有限的信息，形成一个关于罪案的完整的故事，然后通过勘察的进展，不断地调整故事和丰富细节。这种根据已有线索形成的假设，在阅读中，我们就称之为"阅读期待"或者说"先行理解"，我们带着阅读期待不断地深入阅读。而作者有时候就仿佛"犯罪分子"，他们不断地满足我们的阅读期待，也不断地破坏我们的阅读期待，甚至会制造假象，捉弄我们，这是一个读者与作者斗智斗勇的过程，然而乐趣就在于此。

例如，大家可以读这一段话：

研表究明，汉字序顺并不定一影阅响读！事证实明了当你看这完句话之后才发字现都乱是的。

再例如：

他大吼一声，你信不信我去叫一车面包人来揍你。

我们为什么能读懂这些句子？

我们并不像机器一样逐字或逐块地读书，我们能理解这些句子，读懂一本书，看懂一部电影，是因为——

1. 阅读不是一个从部分到整体的组装过程，而是一个从整体到部分再到整体的过程，更好的描述，仍然是怀特海的"浪漫—精确—综合"的不断循环。例如，看到一篇文章的标题《为什么不要让孩子去学习速读？》，你就已经形成了关于这篇文章主要内容的整体印象，并且，还伴随着相应的情感。如果你是速读的坚定支持者，你可能甚至都会中止阅读。然后，接下来的每一部分，都会加深你对这篇文章的整体认识或理解。而这个过程，不是一砖一瓦地堆成一个房屋，而是先有一个框架，然后不断地丰富局部，并对框架进行调整的过程，每添一块砖瓦，都带来整体框架的细微调整（有时候是巨大的调整甚至重建）。你的情绪也在这个过程中不断地变化，或共鸣，或反感，或赞成，或反对。

2. 从整体出发，而整体除非读完否则不可能完全知道作者在表达什么。那么，这必然带来"阅读期待"或"先行理解"。即我们在没有读到相关字词或内容之前，就对它有一个猜测。如果读下去，无非是吻合期待，理解完成，或与期待相悖，调整原有整体。而阅读期待来自哪里？来自我们原有经验。我们原有经验中没有"研表"或"究明"这样的词汇，那么我们在语境中，会很自然地将"研表究明"修正为"研究表明"。我们头脑中已经有许多阅读经验，存储了大量的意义模块，阅读过程中这些模块会被触发。所以读到"一车面包人来揍你"，自然就会修正为"一面包车人来揍你"。这些模块，不是孤立地被触发的，它们是否被调用，又跟语境息息相关。如果这是一个童话，是关于"面包人"的故事，那么，"一车面包人"就不会被调整为"一面包车人"。有时候语法完全正确，意义也能解释得通，但是，也可能被原有经验调整。例如"旗袍女遭神吐槽"，基于原有经验，我们会自然地读成"旗袍女神遭吐槽"。

在上述过程中，我们会发现，"原有经验"十分重要。那么，"原有经验"是个什么鬼？实际上，它包含了两个紧密不相分的部分（或侧面），一个是大量的意义模块，这些模块不可能机械存储，必然是背景化的或语境化的，二是提取能力，实际上相当于大脑的阅读加工能力，是阅读能力的重要部分，或者就是理解力或阅读力。

因此，一个人阅读速度有多快，主要取决于这种意义模块的数量和质量（结构复杂程度），以及提取能力。国际象棋大师的象棋水平来自哪里？就来自这两个方面。

二、速读的关键是理解力

因此，速读的关键是理解力。

这里的理解力，就是指意义模块的丰富及复杂程度，以及提取能力（主要是提取速度和语境中的匹配能力）。从脑科学的角度讲，就是指相关的神经元的密集或复杂程度，以及连接速度（这里有两种解释，其中比较流行的解释，认为是跟髓鞘化水平有关）。打个比方，我们可以把神经元之类的复杂相连，比喻成一个四通八达的公路网。显然，公路网越密集，解决问题（到达指定地点）的能力越强。你希望速度快，就要把路修得更宽（髓鞘化）。应试教育的问题，就在于把少数道路修得很宽很宽。但是，只有几条主公路。结果，只能解决指定的问题，而无法解决更多的问题，包括无法通过不同的方法解决问题。就像一个人身上的血管一样，缺乏丰富的毛细血管，后果会如何？

而要训练这种理解力，就需要大量的有意义的刺激。简单地说，需要大量的默会学习。今天学校教育的一大问题，就是患上了苏霍姆林斯基所说的"有意识字肥大症"，无意学习或潜意识的学习数量太少，导致了学习的机械，学生无法变通或创造性地解决问题。

因此，要训练学生的理解力，尤其是基础理解力，就需要大量的阅读。

南明教育所设计的"全人之美"课程，就建立在这种理解的基础上，尤其是小学阶段的"海量阅读"，在本质上，就是一种"速读"训练。但是，这种速读训练是一种健康的速读训练，所训练的是苏霍姆林斯基所谓的"自动化阅读"水平。

详细可见：

> 速读术宣称不但可以提升阅读速度（10倍以上甚至更快），而且，可以显著提升理解力。但是，这种速读术的本质，和记忆术一样，就是最近百年来教育家们一直在抨击的"形式训练"。它的弊端，就是将阅读技术与阅读内容剥离开来，认为可以通过片断地训练阅读技术，来提升阅读速度甚至理解力。

杜威在《民主主义与教育》中进行过抨击，我摘录一部分（为了供某些同行参照，请允许我引用得多一些）：

有一种理论在成长的概念盛行以前，就已经存在，而且风行一时，这就是"形式训练"的理论。这种理论有一个正确的理想目标，即教育的一个结果应该是创造使人成功的特殊能力。一个受过训练的人，在与他紧密联系的重大事情上，应该做得比没有受过训练的人更好。所谓"更好"是指更娴熟，更有效率，更经济，更敏捷，等等。教育能带来这样的结果，我们在前面讲习惯就是教育发展的产物时就已经讨论过了。但是，这个理论似乎抄了近路，它把某些能力（下面就要提出）看作教学直接的和有意识的目的，而不认为那只是成长的结果。一个人有一定的能力是需要训练的，正像人们可以列举打高尔夫球的人必须掌握几种打法一样。所以教育应该直接以训练这些能力为目的。按这个意思来看，那些能力以尚未受训练的形态存在了，否则，它们可能是其他活动和方法间接制造出来的东西。既然这些能力已经存在，只是未经训练，那么教育所要做的事就是不断地和分阶段地反复练习，使这些能力得到精练和完善。"形式训练"这个词用到这个概念上，"训练"既指经过训练的能力结果，也指通过反复练习的训练方法。

这里所说的种种能力，包括知觉、记住、回忆、联想、注意、意愿、感觉、想象、思维等能力，只要用材料来练习，就能形成各种官能。这个经典的理论是由洛克提出来的。他认为，一方面，外部世界为我们提供了素材，我们才从被动承受的感觉而学到了知识；另一方面，我们的心智有一定的现成能力，如注意、观察、记忆、比较、抽象、组合等，如果心智能把事物按照它们在自然界的联合和分化加以区别和连接，那么就会形成知识。但是，对教育来说，重要的事情是练习这些心理官能，使它们成为稳固的习惯。主张这个理论的人，常常用来说明的例子是玩撞球或练体操的人，因为反复按照一套方式使用某些肌肉，终于练成自动反应般的技术。甚至思维的官能也能通过反复练习来养成熟练的习惯。洛克认为，数学提供的这种练习机会是再好不过了。

反应和刺激之间的适应愈加专门化（因为考虑到活动的顺序，反应适应刺激，刺激也适应反应），训练的结果就会越僵化，越不容易被普遍应用，换言之，心智或教育的成分就越少。这个事实的通常说法就是，反应越专门化，在练习和完善这个反应中所获得的技能越不容易转移到其他行为方式中。按照正统的形式训练理论，一个学生在学习拼法时，除学到了拼写那个特殊词的能力以外，也增强了观察、注意和回忆的能力，而这些能力在别的场合也能派上用场。事实上，如果学生越局限于注意词的形式，而不顾这个词和其他事物的联系（例如词的意义，习惯使用时的上下文关系，词语的派生和分类等），那么这个学生除了记住这个单独的字和词以外，越学不到能应用于其他事情的能力。也许连辨别几何图形的能力也没有加强，更不用说观察其他事物的一般能力了。这个学生只是选择字形所给的刺激以及口读默写运动的反应，其中涉及的协调，范围非常小。当学生仅仅练习字母和词的形式时，有意识地排除了其他观察和回忆（或再生）中所用的联系。这些联系被排除以后，再需要时也不能恢复了。他所获得的观察和回忆词语形式的能力，在理解记忆其他事物上是无力可使的。换言之，这种能力不能搬到别的地方去用。反之，前后的关联越广，协调的刺激和反应就会越多样，那么就越能用来有效完成其他行为；严格地说，这不是因为本领真的能"搬过去用"，而是因为某个行为运用的因素包罗很广，等于行为的范围增广，等于协调作用灵活，而不是狭窄僵化的。

归根结底，形式训练理论的根本毛病在于二元论的划分。这就是说，这个理论不应该把人的活动和能力与所用的材料分离开来。所谓看、听或记忆的全面能力是不存在的；我们只有看、听或记忆某种东西的能力。离开练习所用的材料，一般的心理和身体的能力训练全是废话。

此外，拼字能力训练，也有不同的方法。一是从狭小的框架接受字形的视觉刺激，另外一种接受方式是把视觉刺激和上下文、字源关联等理解意义进行必要的行为连接。这两种训练方法的区别，可以和在健身房练习举重锻炼某些肌肉或运动游戏的差别相比较。前一种训练是不变的，机械的，它是呆板的，专门化的。后一种训练是时刻变化的，没有两个动作是完全相同的，要应付新的突发事件，协调作用必须灵活具有弹性。所以，后一种训练是比较"一般的";换句话说,它包含较广的范围,包含更多的因素。心智的专门教育和普通教育,也正是同样的道理。

单调重复的练习,可以使一个行为熟能生巧,但这个技巧只限于这一个行为。一个人也许是某个领域的权威,但是,除非他在专门领域的训练和其他领域所用的材料有关系,否则他的判断一定是错的时候远远多于对的时候。

三、速读是自然的,速读术是有害的

速读是很自然的。

一个人在自己的领域钻研越深,阅读文献或相关书籍的速度越快,乃至于到了一目十行的程度也很容易。我见到过的极端的例子,真的是把许多书读读目录和序言,就已经读完了,完全地领会了作者想要表达什么。

不要说别人,以我自己为例,买书甚多,真正一页一页读的极少,大部分书都是翻一翻就扔了。这种"翻一翻",其实就是通过读目录或少数章节,迅速地就明白了这本书的内容并判断其价值。但所有人都明白,这跟速读的技术无关,而跟自身在相关领域内积累的经验有关。名医或许看一眼病人,或者把把脉,就知道病人的主要情况。有时候还要问一些话或进一步诊断,目的只是验证,确保不出现误诊。这就是源自经验。

然而,我们读书如此之快,并不仰仗于速读术,或恰好吻合的速读术。因为我可能读教育方面的专业书籍速度很快,但拿一本医学书给我,我就快不起来了,甚至完全视为天书。重申杜威的那段话:

归根结底,形式训练理论的基本谬误是它的二元论。这就是说,这个理论把人的活动和能力与所用的材料分离开来。其实我们并没有所谓一般的看、听或记忆的能力;我们只有看、听或记忆某种东西的能力。

就是说,没有抽象的速读能力,你读一个领域的书速度或许很快,但换个领域,就糟糕了。我曾在新教师培训中讨论过类似的问题,是关于记忆力的。我记不住人名,是不是说我的记忆力不好呢?但是,我读诗歌,读小说,一度近乎过目不忘。教研过的课文,我不自觉地能够大段地背诵。然而,英语单词我总记不住,十分痛苦。

那么，你说说看，我算是记忆力强还是弱呢？

显然，没有抽象的记忆力，没有抽象的速读能力。

记忆力和速读能力之类，能不能单独地拿出来加以训练呢？当然是可以的，你可以训练记忆扑克牌，或一连串无意义的数字，但是，这与真正的学习有多大关联？对真正的学习，有多大意义的促进？只是怀特海所谓的智力上的小步舞而已，可以表演，却缺乏实用价值。

因此，速读术的最佳适用范围，就是信息提取式阅读。就是说，凡是涉及需要迅速汲取主要的外部的信息的阅读，速读术都是有用的。以前魏书生老师的所谓读书法，就与此类似，可惜用于科学说明文尚可，用于诗歌、小说，就有点捉襟见肘甚至可怕了。你用速读术读读海子的诗歌看看？甚至读读《红楼梦》看看？你顶多说，我可以快速记住《红楼梦》的情节和人物关系，但是，这是《红楼梦》的阅读目的吗？

就是说，速读术与记忆紧密相连，是为了快速提取信息并记住要点，而这只适用于信息类阅读，并不适用于一般学习。因为一般学习的要点不是记忆，乃是理解。而速读术所谓的理解，与一般所说的理解，完全不是一回事。

有人会说，那么，速读术还是有作用的，完全可以作为辅助手段。

又错了。因为速读术根本的问题，在于将手段与目的剥离开来，将手段以专门训练，然后，遇到相应的阅读材料，再装配上去。这样形成的速读能力，是非常机械的速读能力。而真正的速读能力，乃是一种情境中的领会。速读术恰恰会破坏真正的"快速学习"。

一个人在真正的大量学习中，自然而然地会提升速度，包括发展出相应的技巧。速读术会以僵化的技巧，甚至所谓有眼球训练，来妨碍真正的快速阅读练习。举个例子，钱钟书先生的记忆力和读书速度，都是一流的，那么，这跟记忆术或速读术有什么关系？日复一日地沉浸在阅读中，自然而然地会形成（包括有意形成）速读技巧，这时候的速读技巧，是可以迁移的，但是又是高度情境化的。而所谓的记忆大师，速读大师或培训师们，除了以教授（或表演）记忆与速读为生，哪一个是真正的大师？哪一个能够在某一领域有杰出成就？哪一个拥有真正意义上的创造性？

四、要警惕机械训练对孩子人格的影响

最近一些年，通过大量的观察，我发现，机械训练（包括身体、记忆力、道德，以及类似速读）不但伤害孩子的智力，使之丧失灵活性与创造性，而且伤及孩子的人格。

就是说，以这种方式训练出来的孩子，越是年龄小，似乎越有效果（例如成绩好），但是，孩子的生命常常是僵化、机械的。如果不相信，大家可以仔细观察一下那些被读经运动残害过的孩子。

机械训练在教育哲学上，是二元论的产物，值得注意的是，这种训练教育出来的孩子，身上也体现出明显的二元性。

一方面很听话，另一方面很不听话；

在家长和老师面前是一套，在同学或陌生人面前是一套；

课堂上喜欢表现，例如热衷于发言，但同时又逃避思考；

可以坐下来长时间地学习，但是又很容易频繁地走神；

……

外部训练的结果，是孩子过于依赖外部评价。形式训练的结果，是孩子越来越关注形式，将成就感寄寓于此，趋于外部表现而非内部发展。许多孩子会出现一些人格上的问题，包括嫉妒、傲慢又自卑、对人不宽容、容易与同学冲突等。一方面似乎非常努力，另一方面又很懈怠，等等。

凡此种种，都是因为所受教育不自然的缘故。外部的机械训练，与生命的本能反应发生了冲突，此消彼长，争执不休，这一切反应在生命中，就导致了各种冲突。

在这种冲突中，真正的道德感很难形成，形成的是机械的表面的道德感。

总之，学校的学习，应该是一种包括人格发展和知识学习在内的深度学习。各种功利主义的速成法，是学习领域的"星宿派"，貌似效果明显，实则伤人无穷，要警惕。

远离这些——

大量识字（学前或低段）；

播音主持或表演训练（小学）；

记忆训练；

励志训练（包括为改变内向而进行的训练）；

速读术；

珠心算；

读经；

汉字大赛；

诗词大会；

……

如果上面列举的这些，你"全都喜欢上"了，那么，可能需要反思一下自身关于发展的观念。

演讲怎么教?

　　演讲,在一个全球化程度日益加深的现代社会里,其重要性不言而喻。过去的人们更重视知识,因为知识本身是稀缺资源。而现代社会,渠道甚至成了比知识更重要的东西。因为渠道带来流量,流量催生了知识高品质地生产。而演讲,或者更宽泛地说,口语交际,就成了连接人与人之间最重要的桥梁之一。而网络时代导致的注意力稀缺,又加剧了口语交际或演讲本身的重要性。

　　所以,学校应该把演讲当成重要的教学内容之一。可惜的是,因为演讲毕竟不能笔试,并不是中高考的核心内容,这导致了演讲被边缘化,甚至完全不被训练。哪怕是教材上的演讲训练,也被知识化和书面化,没有办法转化成为儿童的活的能力。

　　这显然是一个错误。那么,如果学校要展开演讲,应该从哪里入手呢?

一

　　要避免的最重要的误区,是把演讲当成价值观的空洞传递,充满了假大空的说教或抒情,而缺乏真正的启示以及直入人心的力量。

　　换句话说,演讲必须传递真实有用的信息,例如,有启发性的故事,或有价值的观点。这样,听众才能从演讲中获得收益。不要把演讲变成表演。

　　那么,对于儿童来说,哪些内容,适合用来变成演讲呢?

　　可能是故事类,例如——

1. 逆境崛起、迷途知返。

2. 导致生命或生活发生重大转折的故事。

3. 一段奇异的经历,例如某种特殊学习（例如特长学习）、有价值有意义的旅行。

4. 似乎微不足道的小事,却引发了强烈的震撼（例如《妈妈喜欢吃鱼头》)。

5. 旁观到的一件事,对自己产生了强烈的冲击。

6. 某个人,在自己的生命中产生了影响。

可能是观点类, 例如——

1. 对人生的某种重大感悟。

2. 针对生活或事物的一个重要的观点。

3. 引发自己深刻思考的名人名言。

4. 针对社会热点事件的一种认识。

5. 对班级或学校里某个事件的观点。

6. 对某个流行的观点的批驳。

当然, 内容还可以进一步拓展。例如, 讨论自己的梦想, 或者分享自己做的一些有创造性或有意义的事。无论如何, 要更像"TED 演讲", 而不是"国旗下讲话"。久而久之, 演讲就成了对生命与生活, 包括学习的真实的表达。

这样的内容, 儿童愿意听, 也会通过倾听与分享获得发展。

二

那么, 演讲怎么教?

虽然有口语交际课, 有关于演讲的教学内容, 但是, 演讲在根本处不是教出来的, 而是练出来的。因为在语文学习中, 演讲和写作一样, 都是技能, 而不能当成知识来教。既然是技能, 那么就应当以学生为主体。

所以, 演讲的教授, 基本上有三个要点:

1. 明确演讲的训练体系和训练点（三至六年级）;

2. 设计演讲实践的机制与程序;

3. 建立高效率且全覆盖的激励机制。

训练体系和训练点，视学校发展水平有所调整（例如高段，要不要加入辩论？），这里只是一个参照框架：

小学阶段演讲训练框架			
阶段	演讲形式	演讲内容	演讲稿写作
三年级上学期	体态语言 A 级	故事为主 / 观点为辅	按故事模型写
三年级下学期	体态语言 A 级	故事为主 / 观点为辅	按故事模型写
四年级上学期	体态语言 B 级	故事 / 观点	鼓励故事创造 / 按说理模型写
四年级下学期	体态语言 B 级	故事 / 观点	鼓励故事创造 / 按说理模型写
五年级上学期	体态语言 C 级	观点为主 / 故事为辅	鼓励灵活说理 / 整合故事与说理
五年级下学期	体态语言 C 级	观点为主 / 故事为辅	鼓励灵活说理 / 整合故事与说理

演讲实践，主要是一套演讲流程设计。可以是课前三分钟演讲，也可以利用班会课、阅读课、午读时光或者暮省时间。也可以有专门的演讲课，每周一节。在这一套流程设计中，有几个要点：

1. 要确保每位儿童，每学期至少有两次登台演讲的机会。

2. 有演讲天赋的儿童，机会更多，但是应该以公平的方式涌现出来。

3. 对演讲的时长、演讲稿的字数、演讲的体态语言和声音等，要有严格的要求，并随着年级的增长提升。

4. 采用演讲过关制，达到规定的标准算过关，未过关，则要继续练习和接受测评。

5. 鼓励家长参与到演讲的前期准备中，以提升现场演讲的效果。

6. 每位儿童每学期应该至少有一部演讲作品，作为这门课程的成果。

如果儿童底子太差，需要一段时间适应，也可以从模仿别人的演讲入手，先去体会站在演讲台上的感觉。还可以设立主持人和嘉宾组。嘉宾组或由高手儿童充当，或由普通儿童轮换，或将两者组合起来，或将老师带入其中。目的，是与演讲者构成对话（但是，不要变成对演讲者及演讲内容的公开评价）。

此外，还需要逐渐地建立儿童演讲视频库。部分地精选类似 TED 演讲中适合儿童观看的部分、美国大学毕业演讲中的部分，以及国内外（主要是国外）儿童及青少年的演讲。尽量让儿童远离那种打鸡血式亢奋的演讲，学会从一开始好好说话，思维清楚地说话。

三

在演讲中，明确训练点是一个核心，而激励性反馈，是另一个核心，甚至更重要。

为什么是"激励性反馈"？不要说当众演讲，哪怕是当众发言，对大多数人来说，也是一件很畏惧的事。所以，演讲要做好，就必须将底线性质的要求与不断的激励结合起来，并且一定是以激励为主的。

那么，怎么以激励为主呢？

最重要的激励方式，是帮助儿童去获得成功。为了做到这一点，要在儿童上台前很久，两周或一个月，甚至更久，就开始帮助儿童准备和打磨。大量的工作，可以交给家长来完成。包括主题的确定、材料的选择、演讲稿的打磨、试讲及录音回放、台风的设计等。这方面，教师可以设计出相应的规范或手册，儿童以及家长按要求来准备。对于要特别关照的儿童，教师再给予额外的辅导，成功的概率，就大大地提升了。如果儿童只是草率地准备，甚至是故做不在乎地应付，那么，不但丧失了训练的意义，而且，还浪费了听众的时间。

养成录制视频（甚至可以上传至网络上专门的位置，公开、半公开或不公开，条件不成熟可以先录音频）的习惯，可供儿童和家长一起看回放，以及教师在演讲课上拆解儿童的优秀视频进行学习。儿童一旦看到自己的演讲变成视频作品，就会格外地郑重和用心准备。

带领部分儿童巡回演讲。班级并不是孤岛，如果是一个班级做，可以联系其他班级，去其他班级做巡回演讲。如果是几个班级一起做，则这种巡回演讲会变得更为频繁。这样，儿童不只讲一次，他会在不断的讲述中快速地进化。

公开肯定，私下修正。无论是点评，还是对话，都要遵循激励性原则，对每一个儿童确实值得他人学习的地方或明显进步的地方，给予特别的说明和发挥。至于存在的问题，则尽可能私下交流，或给出书面意见。所给出来的意见，往往也是参照演讲标准来讲，以方便儿童纠正。如果不得不公开点评或给出意见，那么，通常也是对事不对人，尽可能地给出意见和建议。例如："如果我来设计这个演讲的结尾，我会这么来设计……不妨对比一下，看有什么不同。"

作为一种演讲文化，要坚持制止班级随意讽刺或喝倒彩等不文明行为，养成鼓掌习惯，相互激励。要特别关注内向的儿童，特别恐惧演讲的儿童，为他们提供支持，帮助他们一次又一次地站上讲台甚至舞台。

不要把演讲简单地当成一种训练。首先要把演讲当成是真实的班级生活，或者说，当成一间教室的公共生活，就像雅典的广场。儿童可以在这里安全而自由地分享故事、发表观点、相互辩诘，在不断的表达中，完善自己的人格、思想与情感。而这一切，都是未来成为一个理性而有责任感的公民的预演。

为什么是童话剧？

童话剧，是南明教育核心团队（即原新教育研究中心团队）干国祥老师提出，团队用数年时间探索成型的一个重要的课程概念。至今，这个概念与干国祥老师提出来的晨诵、读写绘等课程概念一样，已经深入人心，并且融入许多学校的课程之中，这是南明教育团队为中国教育做出的又一份贡献。

在南明教育提出童话剧课程之前，当然零散地，一些学校有戏剧课程，有话剧社，更不用说国外类似雷夫·克拉奎斯这样的戏剧实践了。但是南明教育第一次正式地提出童话剧的概念，并基于教育哲学、心理学、文学等，系统地阐释了童话剧的教育学内涵，并设计了童话剧作为课程的若干原则，形成了丰富的童话剧操作规范和相应案例，使戏剧表演不再成为类似"第二课堂"或兴趣的东西，而成为课程（例如全人之美课程）的有机组成部分。

然而，童话剧在传播的过程中，也渐渐地"变形"了，并不是所有人都理解作为课程的童话剧的内在原理。

本文主要回答两个问题：什么是童话剧？为什么是童话剧？

一

教育本应为明天而准备，悲剧的是，教育事实上一直生活在过去。因为无论是教育者，还是家长，都习惯以自己接受教育的形态，去想象和要求今天的教育，这在这个飞速变化的时代里，是不可思议的。

举个例子，作为七十年代人，在我的小学时代乃至于中学时代，阅读是一件"大逆不道"的事（现在想想觉得很滑稽，上学不就是读书吗？），那些小说、散文、诗歌，都被当成"课外书"，要予以没收和销毁。丰富的生命被用来完成一件事，做题，做题，考上一个好的大学，获得一份稳定的工作。我今天的工作能力，相当大程度上来自当年父母的宽容以及自己对阅读的坚持。是阅读和写作塑造了今天的我，如果当年这些被家长和学校教育剥夺，我想象不出自己今天会是一个怎样平庸的人生？

但是今天，阅读已经成为整个社会的共识。中国人似乎才发现，自己的民族，已经是世界上阅读数量最少的民族之一了。所以，南明教育提出海量阅读的概念，也得到了大多数家长的认可和热烈支持。这本身，就是一种进步，为了这个进步，这个社会付出了很大的代价。

但是，这还不够。

在今天，高等教育已经普及。上任何大学，都并不代表端上了铁饭碗，一生衣食无忧。这是一个创造的时代，需要培养出真正适应这个社会的人才。如果继续延续应试教育的模式，等孩子考上了大学（哪怕是名校），毕了业，也常常会和许多父辈一样，拥有的，只是平庸的人生。相反，今天拥有丰富的校园生活的孩子，今天能够在校园里全面发展自由创造的孩子，将可能比那些延续父辈学习方式的孩子更容易获得上好大学的机会，更有当下的竞争力。重要的是，更具有未来的竞争力。而且，这种丰富与自由，这种灵性与舒展，还将成为孩子一生幸福的源泉。

十年披荆斩棘，十年孜孜不倦，南明教育用岁月酿造出的全人之美课程，本质上，是为了培养面向未来的人。不要让今天的不理解，成为妨碍孩子未来的绊脚石。

二

在全人之美的课程框架中，儿童课程（其实就是生命课程）与学科课程是被相对严格地分开的。类似晨诵、读写绘、海量阅读、暮省、童话剧等，虽然大多由语文老师执行，但本质上并不是学科课程（即不是语文课程），而是生命课程，精确的语文学习，并不是这些课程的主要目的。

那么，什么是童话剧？

童话剧是一种综合课程，一段穿越的旅程。它并不简单地是一场演出，对课程来说，过程比演出本身更重要（这是许多模仿者意识不到的地方）。一个完整的童话剧课程，包含了这样一个过程：

第一步：选择合宜的童书，并进行改编。

这一步甚至是最重要的。关于选书，除了公共尺度外，南明教育最重要的理念，是"选择此时此刻最适合的书"。这种选择通常有一个范围（入围的基本都是经典童书），在这个范围里，选择哪本书，取决于孩子的心理阶段、教师的生命气质、班级的现实情境等因素，是这些因素微妙地平衡的结果。书选对了，整间教室会因为一部童话剧而有较大的提升，书选错了，无论再努力，童话剧也可能成为没有灵魂的华丽的表演。

第二步：共读。

共读是童话剧课程的核心部分，也是最耗费时间的部分。南明教育有成熟的共读理念和操作方法，而用于童话剧的童书作品，在共读上要求格外高。所有孩子都要经历一个深刻的穿越，去领会一本书。这不仅仅是指对主题的深刻理解，与人物的深度共鸣，还包括对童书所显现的世界的一种整体性领会，对诸多细节有秩序的浸染。

在共读过程中，孩子就要练习朗诵。

第三步：学习和练习剧本。

共读是一个集体穿越的过程，学习和练习剧本的过程，则是一个相对个人化的过程。在这个过程中，孩子会通过练习，尝试各种角色。在反复的尝试中，去寻找最适合自己的角色。孩子往往会倾向于选择与自己生命气质相近的角色，但也有可能（有时候是老师鼓励），孩子去挑战与自己生命气质完全不同的角色，以拓展自己的生命感受。

第四步：竞选角色。

在练习剧本的过程中，角色竞争实际上已经开始了。有一些公共的组织竞选的结构和技巧，但是每个老师往往也可能发展出自己的角色竞争办法。这既是一场自由竞争，但也有一双"看不见的手"在进行微妙的调控，以平衡机会。

为了竞选角色，孩子就"不得不"大量地背台词，这本身就是一种生动的浸染过程。

在整个过程中，孩子的朗诵能力，对角色的理解，对主题的把握，都会获得一个较大的提升。

第五步：排练。

在真正的南明童话剧课程中，排练的过程是相对短暂的。重要的过程已经在共读和角色竞选中完成了。排练涉及诸多与舞台有关的技术，但比一切技术更为核心的，仍然是孩子对角色的理解，以及如何用声音诠释这种理解。

在这一环节中，还涉及舞蹈编排等诸多内容，是一种综合性练习。

而且，无论竞选角色还是排练，对于孩子的组织能力、合作能力，都是重要的考验和练习。

第六步：演出。

这是课程的终结，是"庆典时刻"。当孩子闪亮地登上舞台，去调集全部的能量去完成最终的作品，谁不为之激动呢？而对孩子和老师来说，演出是辛苦的，但更是一种奖赏。通过这种穿越，一本童书灵魂性的东西已经进入了孩子内心，化为他生命中的一部分，甚至可能是最重要的部分。

三

童话剧能从多个方面深刻地改变孩子。

著名作家王尔德有一句名言："不是艺术模仿生活，而是生活模仿艺术。"

从古希腊时候起，戏剧表演，就是公民生活的一个重要组成部分。戏剧以生动的方式告诉观众，什么是真，什么是善，什么是美。戏剧也以突出的方式，将生活中的重大但隐秘的冲突揭示出来，帮助观众理解冲突本身的意义，以及人应该如何抉择。通过戏剧，观众不但得以理解生活，而且得以净化灵魂。

那么，我们的孩子，经由什么来理解生活，理解自身？

很多时候，他们是潜意识地任凭功利的粗糙的形象来塑造自身。当红的歌星或影星、暴发的邻居、经常受表扬的同学，更多的，是自己的父母。当然，对某些孩子来说，甚至那些坏人，都能成为自己的榜样。

传统的教育，在这一部分是缺席的。任凭孩子的生命被良莠不齐的东西涂抹，直到面目全非。而在南明教育全人之美课程系统中，人，或者说儿童，被放在了课程的中心。童话剧课程，就是帮助孩子树立自我境象，理解自我、周围世界以及种种道德或心理冲突的最重要的方式之一。

当一个有着自卑情结的孩子，以正确的方式深刻地遭遇安徒生的《丑小鸭》时，会如何？

在此之前，他的生命可能是混沌未明的。表面上，他坐在教室里学习，回到家中依偎父母撒娇，但在他的潜意识深处，一直暗流涌动。他的本能的力量，他容易受伤的心灵，一直处于和环境的复杂的互动中。他有可能会在这种互动中迷失自己，或形成坚硬的壳，或逃避环境的任何压力，或以粗暴的方式回应，或软弱地哭泣……总之，他是以未清晰的、未加反思的方式，错误地与环境进行互动，并在这种互动中，形成逐渐稳定的人格。除了少数例外，多数孩子最终形成的人格，并不是父母所期待的那样。甚至不是他们自己所期待的那样。

然而一次深刻的穿越，会让孩子突然地，并且往往同时以意识和潜意识的方式在故事中遭遇自己。他不但与丑小鸭产生了强烈的共鸣，而且通过理解丑小鸭，他深刻地，但更多的是无意识地看到了自己，认出了自己，并且在练习一种想象中的抉择。而《丑小鸭》就像一道光，忽然让他意识到了生命的某一种可能性。原来，今天的挫折或被嘲笑，只是未来成为白天鹅路上的必经的挫折。孩子不但读它，讨论它，而且扮演它，通过扮演进入（自居）它。最终，获得了充分的自信和超越之道。而这种潜在的获得，未必会在今天表现出来，但很可能在孩子生命中的某一刻，它就会发挥作用或决定性的作用。而无数的童书和诗歌的穿越，数部童话剧的穿越，最终将点点滴滴地但又在某一刻决定性地塑造孩子。这就是"生活模仿艺术"的含义。

不同的童话剧，不同的角色，帮助不同的孩子认识自己。同时，这也是一个理解别人的过程，是一个使班级成为共同体的过程。

四

童话剧会影响学习吗？

只要你不把童话剧本身当成更有意义的学习，而将学习视为一种机械地往大脑中堆积多数无用只供考试提取的东西，那么，童话剧确实"影响了学习"。

但问题在于，今天的考试也处于变化之中，越来越趋向于考查能力。以应试的方式，孩子越学越累，而且往往导致大量的厌学的情况。相反，包括童话剧在内的有意义的学习，将会给孩子生命以全面的、丰富的、有益的营养，而且，更有利于孩子的持久发展，包括在考试中的竞争力。而陈旧过时的教育观，不但损害了孩子的未来，甚至不利于孩子当下的发展，更何况支付的，是幸福的代价。

当然，童话剧这一概念在传播的过程中，在被模仿的过程中，也存在异化的现象：将童话剧误解了戏剧表演，淡化甚至忽略了精神穿越的过程，造成了表面的热闹而实际上孩子收获有限。孩子激动的，是经过艰辛的努力（排练），最终获得了演出成功，赢得了掌声。

这正是南明教育旗下学校的优势，我们拥有更好的专业培训，更多的观摩机会，来确保作为这一概念创造者的领先性：一直被模仿，从未被超越。

在六年的穿越中，孩子们的身体将逐渐地舒展，孩子们的精神将逐渐地走向深邃与自觉，一个懵懂的孩童，最终将有可能成为卓然独立的少年。

为了这一切，老师们经历了种种辛苦，但我相信，岁月终将证明，这是值得的。

下篇：
儿童自由写作

读了那么多书，
为什么作文写不好？

我们会有一种自然的印象，那些写作水平高的孩子，都是喜欢阅读的孩子。反过来，喜欢阅读的孩子，写作水平一般也差不了。但是，确实有些家长非常疑惑，自己的孩子读了许多书（甚至非常多），为什么作文却写不好，甚至会成为老师批评的对象？

通常，在小学阶段，尤其在小学四年级之前，孩子的阅读数量似乎与写作水平不成比例。个别孩子，到了中学，写作水平也非常一般，那么，原因究竟在哪里？

一

遇到这种情况，缺乏经验的老师通常会指出，您的孩子读书很多，但是写作能力有待加强。加强的办法，当然是增加写作的数量。例如，更多地写作文，或要求孩子在阅读之后写读后感。老师和家长会认为，孩子多练习写作，多模仿别人的写作，那么，久之，熟能生巧，作文水平自然而然就提升了。甚至，许多家长会送孩子去作文辅导班，殊不知，绝大部分的作文辅导班，往往是摧毁孩子写作能力的地方。

为什么呢？

因为我们对孩子的学习过程不甚了了，我们关于孩子的学习模型，是一种机械的、积少成多的线性发展模型。这种模型将学习简单地看成一个不断堆砌知识和能力的过程，仿佛堆砌到一定程度，一个丰富而富有创造力的大脑就形成了。

这种观念，已经在校园里造成了无数问题，也是语文学习，乃至于所有学习少慢差费的重要认知根源。

真实的发展，比这要复杂得多，充满了非线性的断裂乃至于跃迁。即在学习领域，孩子从一个水平跃升到另一个水平，常常是经历了漫长的准备，然后在某一刻突然完成的。

二

那么，对写作而言，漫长的准备是什么？

可以说，孩子的全部有意义的生活，都是写作的漫长的准备。但在学校生活环境中，阅读无疑是其中最重要的因素。

这里的阅读，主要的和首先的是指海量阅读。

阅读量太少，对写作根本不起作用。有老师和家长认为，孩子读书关键不在数量，而在于质量，在于把一本书反复读精透。这个观点是正确的，但只有在自动化阅读完成（四年级）以后才是正确的，而且这个所谓的"正确"，其实还要加许多限制条件，做出许多必要的说明。

缺乏足够数量时，仅仅面对有限的阅读材料，无论孩子如何精读，老师带着孩子如何咀嚼文本，孩子都无法真正地习得阅读能力。万一习得了什么，那只是机械地模仿例文而形成的僵化的作文模型。

为什么缺乏足够数量，孩子是无法习得写作能力呢？因为写作过程同时包含了意识过程和无意识过程，而决定性的部分，是无意识过程，即孩子对于话题、主题的丰富理解，以及对语言形式（包括遣词造句、语法、文体风格、词语运用等）的敏感，而这种敏感的形成，有赖于海量阅读。就好像任何一个专家的形成，有赖于在相关领域里接触和解决大量问题一样。敏感性的本质，是穿透无数的异质情境后，对相应的原则、规范的活的领会。而孩子对词语的领会，对篇章结构的领会，也自然而然地会经历这样的一个过程。这个过程形成的能力，是潜在的、默会的、直觉的、自然的、本能的。

三

如果缺乏足够数量的阅读，又进行大量的加工，或写作上的强化训练，结果会是什么呢？

结果是，孩子无东西可写。无东西可写，不是真的没有东西可写，而是缺乏对丰富的生活的敏感性，海量阅读原本是训练这种敏感性的最好的方式。

另一个结果，是孩子在被迫写作的情况下，会形成僵化的写作套路，从而损害写作能力，甚至损害思维和大脑本身。就像一架缺乏谷物的机器，在近乎空转地加工极少数的谷子，最终机器本身受到了损伤，甚至永久性地丧失了深度加工能力。

许多作文教学就是这样的，作文辅导班尤甚。他们训练孩子的作文，实际就是把孩子的思维，装入有限的几种模式中去。包括词语的运用，也被训练得非常僵化，"好词好句"的思维方式，就是这种训练的结果。最终，孩子在很小的时候，就貌似能写出中规中矩的作文，但是缺乏深刻的思维和生动的语言。而一旦这种写作持续下去，孩子将丧失或彻底丧失生动地表达自己思维的能力，僵化的写作，反过来会塑造孩子的思维。这是一种可怕的格式化或体制化，是对孩子敏感的脆弱的大脑的严重伤害。

这种伤害更严重的后果，是会损害孩子的自尊，使得写作成了一件不愉快的事，而不是一种享受。如果说孩子在写作中有成就感的话，那么往往来自外在的评价：老师或家长的表扬，或作文分数，而非写作本身带来的愉悦。

老师和家长的短视或急功近利，造成的后果是非常严重的，但是很容易被忽略。

四

海量阅读使得丰富的语言文字，以及对语言文字的组织方式在大脑中不断地场景化，刺激了大脑相应神经元的无限生长。这种丰富性，仿佛是在语言中不断地建立联结或修筑高速公路。

　　然而，高速公路的修筑，不是一夜之间完成的，而是先修筑无数的局部地区，然后再将无数的地区公路联结起来，直到有一天联结成一个整体。从出生开始，孩子就不断地在建立这种联结，因为这种联结首先是主题的、情感的、逻辑的，而后是语言的。到孩子开始写字后，又是文字的。这种联结，在小学低中段是一个高峰，尤其是在三四年级，当孩子通过了一二年级的学习，掌握了相当的可运用的文字后，需要海量阅读，将全部的高速公路相互打通，连接成一个整体的公路网络。这样，当孩子要表达思想或感情的时候，就不会受到重重阻碍。

　　未来，孩子的任务，是穿越高速公路去各种知识的景点去旅游，但在旅游之前，孩子先得修筑道路，这道路，实际上指的就是基础的学习能力。基础的学习能力，核心的就是读写算的能力，在其中，阅读能力是居首要地位的，其次就是写作能力和基础的计算能力。

　　显然，如果公路的修建没有初具模型，孩子就很难流畅地表达自己的思想。这并不代表阅读没有意义，而只是说，阅读的数量，还不足以使孩子流畅地表达。孩子必须继续阅读，继续修路并建立联结，直到某一刻（或某一个时期），孩子突然间发现，自己的表达力提升了，而且不是一点一点地提升，是整体地提升了。

　　这一个转变时刻的到来，说明孩子迎来了写作自动化时期。

五

　　什么叫写作自动化？

　　先说说阅读自动化。当孩子结结巴巴地读一本中等难度童书的时候，说明孩子没有完成阅读自动化，不能摆脱语言的障碍，直接地穿越文字去领会意义，去感受文字所欲表达的喜怒哀乐。

　　阅读自动化的本质，就是一种速度训练。就像练习打字一样，必须练习到根本不必考虑怎么打字，就能自由地表达思想，这就说明完成了阅读自动化。如果总在想怎么打字，思想就会受阻，许多孩子学习落后（远不止语文），根本原因就是自动化阅读的水平不够导致了理解力障碍，甚至根本没有完成自动化。在没有完成自动化阅读的情况下，老师和家长一味地填鸭或补课，自然孩子就越学越辛苦了。

同样，写作自动化的含义，就是孩子能够"我手写我心"，自由地表达思想，而不必过分地受到表达本身的限制。如果写作自动化没能完成，孩子自然会出现书写上的"结巴"现象。

而写作自动化，必然是以阅读自动化完成为前提的。没有阅读自动化，根本不可能有写作自动化。通常而言，写作自动化，会滞后于阅读自动化一年左右。假如孩子通过海量阅读，在四年级末完成了阅读自动化，那么在合宜的教学（甚至未必需要教学而能自然完成）下，孩子将在五年级末完成写作自动化。

南明教育"全人之美"课程，能够培养出大批写作水平高的孩子，这就是其中的基础之一。

六

所以，在阅读自动化完成之前，孩子不喜欢写作，或阅读的成果不能在写作上体现出来，是非常正常的。

在这一时期，拔苗助长是非常有害的。

例如，盲目地（而不是适量地）加大孩子的作文训练量，会导致孩子严重受挫甚至厌恶写作。而如果频繁地让孩子写读后感，那么不只是摧毁写作，同时也在摧毁孩子的阅读兴趣。

想想看，孩子本应该贪婪地阅读，结果家长和老师却逼孩子把阅读的时间拿来训练作文，这是多么大的浪费啊。如果这时候再让孩子去模仿所谓的范文，那么后果会非常严重。

实际上，老师，尤其是家长的焦虑，往往是因为心存恐惧，总怕自己的孩子输在起跑线上，而忽视了，小学阶段，尤其是四年级以前，孩子主要是在习得基础的学习能力。如果这时候不重视能力和习惯的培养，一味地往孩子大脑里面塞未来可以轻松掌握的知识，那么将同时伤害孩子的写作能力和自信心。

更何况，不妨自问，现在，有几位语文老师能写出像样的文章来？

包括那些课外作文辅导班的老师，写几篇文章让大家看看？

一个自己都写不出像样的文章的老师，居然知道写作是怎么回事，并且能教出写作水平高的孩子，您真的相信吗？

而那些少有的写作高手，会有几个赞成现在学校里语文老师的做法？

作家舒婷曾经写过文章，说自己成年后，花了许多精力，才一点点地把学生时代那种好词好句式的作文训练排除出去了。这真的是在排毒啊。

孩子还小，咱就别让他吸毒了。让写作成为一个自然的、快乐的过程吧！

七

这并不是说，小学阶段，不要让孩子练习写作。

实际上，"全人之美"课程，非常重视学生的表达。低段的读写绘课程，就是一种意义优先的生动的写作（当然，读写绘项目现在流传甚远，但也有老师把读写绘变成了孩子的灾难）。写作训练渗透于整个教学的全过程中，并不是只读不写。

但是，本质的问题有两个：一个是必须重读轻写，尤其在自动化阅读完成之前；一个是必须重视自由写作，而不能过早地进行作文训练。

所谓自由写作，就是让孩子从小学一年级开始，先自由地写，充满兴趣地写，不要把孩子的写作限制在一种套路中。写错字了不要紧，语无伦次也不要紧，重要的是喜欢写。那么，孩子经过这种不断的有内容的表达，会逐渐地形成对于写作本身的敏感，并习得生动的写作能力。等到了高段，再对孩子的写作本身进行聚焦，进行生动的作文训练，那么，孩子对语言文字的运用，就会趋于自觉化。

当然，如何教写作，是另一个话题了。

八

当然，也有一些例外情况。

有些孩子喜欢读书，但到了初中甚至高中，作文都不好。

这种情况通常比较少，原因也较为复杂。通常可能的原因有：

第一种，孩子读的书有问题，而且非常单调。

第二种，孩子是理科类型，读的书也以科普类为主，而对文学作品缺乏足够的兴趣，他的兴奋点不在语言文字上，而在别的地方。

第三种，孩子并非缺乏写作能力，只是厌恶写作文，尤其是命题作文。但孩子在给朋友写邮件的时候，在另外自由表达的时刻，写作能力是相当好的。这时候，就不能说孩子缺乏写作能力，只是不喜欢写作文而已。

孩子明明拥有写作能力，却写不好作文的情况（类似韩寒），实际上是另一个问题，即如何利用自身的写作能力，去完成必要的应试作文训练。但这就与本文无关了。

总之，写作能力，是现代社会必备的重要能力之一。但是遗憾的是，大批的大学毕业生，包括中文系学生，是缺乏写作能力的，而其根源，就在错误的少慢差费的语文教学上。

在这种情况下，觉醒的老师和家长们，真得好好想想，我们能为孩子们做点什么？

如何激励学生自由写作？

什么是自由写作？

谈到写作，我们会用到一些不同的名称，例如写作、习作、作文等，它们的区别，究竟在哪里？

习作和作文是同一个概念，关键是"习"，就是练习写作。而我们一般讲到训练写作能力的时候，使用的是"写作"，这就不是指练习了。换句话说，作文是一种训练文体，是一种桥梁，并不是真正的目标。我们把目标朝向"作文"时，意味着实际上把考试当成了写作的意义。

儿童不但在写作文，而且在写作。例如，一个儿童给老师写了一张请假条，说明自己因为身体原因请假了，不能来上今天关于请假条的写作的作文课。那么，这个请假条，就是写作。写这个请假条，跟作文课上学习写请假条，完全是两种不同的写作。写这个请假条的目的，是向老师传递信息，发送请求。而作文课上练习请假条的目的，则是一种形式训练，学习请假条的写法。

所以，作文课上的习作训练，是不自由的，是一种写作训练中的刻意练习。而生活中的写作，是真实场景下的写作，是对写作能力的运用，是自由的。我们通常称之为"自由写作"。这样，儿童写作就分为两种类型：一种是生活场景中的自由写作，例如随笔、日记、读后感等；一种是设计场景中的习作训练。

自由写作当然往往也并不自由，多数时候也是交际语境中的产物，是出于某种目的而写的。这种写作，也可以看成是应用写作。

一

自由写作很重要。在小学阶段，自由写作的重要程度，远远高于作文训练。

为什么这么说？

原因很简单，儿童是怎么学会写作的？一定是在写作中学会写作的。在精确的作文训练之前，以及伴随着精确的作文训练，儿童必须有大量的写作实践，才能形成对文字表达的敏锐的感觉。如果没有这种感觉，精确的写作训练就会变得枯燥机械，难以理解。

事实正是如此。当儿童写得不够多，要教他结构、主题、人物、修辞等，就会变成僵死的套路，而不是灵活的有机体。换句话说，儿童先写起来，然后才知道应该怎么写，而不是先知道怎么写，然后才写起来。开始的时候，可能写得没有顺序，语无伦次，但是，写得足够长，足够多，健康良好的秩序，会从混沌中逐渐涌现。这就是一个语感形成的过程，有了这个过程，精确的习作训练，才更有效率，更生动。

一般来讲，自由写作在小学低段，主要是以写绘的方式出现。就是儿童用图画或者图画加文字来表达自己的想法，以突破识字量过少对写作的限制。从三年级开始，自由写作就可以以文字写作为主了。三四年级是一个创意写作期，儿童的写作往往容易天马行空，要保护好儿童的这种想象力。到了五六年级，写作开始偏重于写实。写真实事件，写评论，就会比较频繁。

那么，儿童怎样的写作量，算是合适呢？理论上讲，当然是越多越好。但是，总要有一个底线。除了学校里的写话或作文训练外，自由写作的数量，建议每周两篇为宜。寒暑假，还可以开展写作大挑战之类。

要保证写作数量，当然可以强行规定。但要让儿童愿意写，甚至爱写，就不是一件容易的事。那么，怎么才能激发儿童的写作热情呢？

<h1 style="text-align:center">二</h1>

要有写作热情，首先要有内容可写。那么，儿童的自由写作，内容从哪里来？内容或题目需要规定吗？是命题好还是不命题好？

很显然，内容一定来自儿童的生活。例如：

1. 家庭生活中的各种故事，以及相应的思考。

2. 校园生活或班级生活中的各种故事，以及相应的思考。

3. 儿童在自身生活之外看到或听到的，例如社会热点事件。

4. 儿童自身内在的世界，例如情绪波动，或各种想象。

然而问题在于，在未加指导的情形下，儿童总认为自己无话可说。有人会说儿童每天往返于学校与家庭之间，"缺乏生活"，但成人的生活不也大都如此吗？难道一定要旅游才算是有生活？儿童本来就在生活中，他们缺乏的不是生活，而是对生活的意识、洞察以及反思。换句话说，儿童往往不是在自觉地生活，而写作，让儿童的生活变得更为自觉。毕竟，哪怕把生活记录下来，也总是包含了一定层面的反思。

意识到这一点，老师可以在每次自由写作的时候，给出一道或几道可供选择的参考题目。如果儿童对题目不满意，就可以自拟题目。给出参考题目，是为了避免选择困难症。

例如，《我的爸爸 / 妈妈 / 老师 / 朋友》，这是中规中矩的题目，很好。

也可以对题目进行变化，例如：

1. 我的爸爸 / 妈妈 / 老师 / 朋友做过的那些让我讨厌的事情

2. 假如我来做爸爸 / 妈妈 / 老师

3. 在哪一刻，你为你爸爸 / 妈妈 / 老师 / 朋友感觉到自豪？

……

再例如，可以对教材中的文本，开始续写、仿写或戏写：

1. 《花的学校》变成《理想的学校》

2. 《去年的树》变成《等候一只会唱歌的鸟》

3.《一颗豆荚里的五粒豆》变成《豆豆旅行记》

4.《扁鹊治病》变成《怎样给扁鹊治病》

也可以把诗歌改成散文或故事：

1.《示儿》变成《弥留之际》

2.《枫桥夜泊》变成《晚归》

3.《伯牙鼓琴》变成《知音》

还比如，可以出一些天马行空的标题：

1. 学校爆炸了

2. 怎么教老师上好课？作为学生的几点建议

3. 学校里闯进来一头会飞翔的猪

4. 翻开语文书，在第 ×× 页第 ×× 行选择一个词语，作为标题写一篇文章

也可以给话题，让儿童自拟标题，例如：

1. 假如你拥有了一件隐身斗篷，你会用来做什么？

2. 有哪些事情，是你们小孩子知道，但是成人并不知道的？

3. 如果让你在美貌与才华之间选择一样，你会选择什么，为什么？

4. 如果你做了爸爸妈妈，你给自己列的三条禁忌会是什么？就是说，你觉得哪三件事情，你绝对不会对你的孩子做？为什么？

5. 写出你身上一个你非常讨厌，但是改不掉的特点。

更多的，是让儿童就生活中的事件，或社会上的事件，发挥他的想象或发表他的看法。例如：

1. 你赞成上课上洗手间吗？说出你的理由。

2. 如果班上有一个同学屡次违反纪律，你希望帮他改正，还是希望他离开这个班？如果他改正不了呢？

3. 本周我们学了《夏洛的网》，有人觉得坦普尔顿是个坏老鼠，你觉得呢？

4. 班上有同学沉迷于游戏中，以至于影响了学习。他觉得，学习是不快乐的，游戏里才快乐，你认同吗？你打算怎么代表班级去说服他？

三

自由写作不能长作文脸，更不能长讨厌的八股脸，而要生动活泼。既与教材关联，也可以与儿童的生命、生活关联，还可以天马行空。主题本身的价值非常重要，这也规定了主题必须丰富、多元，紧扣儿童的生命与生活。

写作内容有趣，为儿童所喜闻乐见，儿童自然愿意写，这只是个开端。儿童写出来了，还要有人看，有人反馈，才有进一步的动机。在这里，只有把每一次的写作，尽可能地变成一个公共事件，儿童才能用写作的方式参与公共生活，并拥有持久的写作兴趣。

教师是公共生活的维护者和主持人。我们阅读儿童的作品，从中选取有价值的段落或全文加以组织，在固定的时段或者利用零碎的时间，与儿童一起分享，并在分享中穿针引线，加入教师本人的意见，这样，一个班级就被用话题或主题凝聚起来了。写作构成了一种无声的对话场，分享，又让这种对话变成公开，并且由于老师的介入，增加了黏合度和深度。例如，我们怎么对待一个屡次犯错误的同学？这就是一次班级的共同的道德生活。通过这样的对话，儿童知道了怎样保护自己，怎样保护同学，怎样宽容对待犯错误的同学，以及容忍的界限在哪里。在这里，儿童的生活得到了指导。自由写作，也因此具备了道德人格教育的意义。

儿童像成人一样，喜欢"被看见"。有人读他们的作品，就能激发他们进一步写作的热情。但是，班级展示的作品是有限的，因此，在不成熟的状态下，就容易导致一部分儿童的作品屡屡上榜，另一部分儿童则生活在写作高手的阴影中。榜样变成了诅咒，自由写作的热情出现了两极分化。然而老师也有苦衷，有些儿童写作不好，又不想写，怎么展示？不成了笑话了吗？这样，就形成了恶性循环。

在这里，我们要掌握一种"表扬经济学"，它和常规的经济学运行规律是一致的。写作高手，是写作江湖中的富人，更多的儿童，则是写作江湖中的穷人。如果任由自由竞争，则舞台永远是写作高手的，富人越来越富，穷人越来越穷，这不是我们想要的江湖。作为规则的制定者和维护者，就需要向富人"征税"，把一部分"钱"转移支付给"穷人"。但又不能搞平均主义，否则，富人也会变成穷人，丧失了进取的动力。"共同富裕"永远不是平均主义。什么意思呢？写作高手要想获得表扬或展示，要求就提升了，原来你达到优秀就可以了，现在你必须达到卓越。而写作水平一般的儿童，整篇达到优秀就有机会展示，甚至不必整篇写得好，有些段落、句子写得好，也可以被摘抄出来获得展示的机会。这样的话，被展示的写作成果，是高水平的，同时也符合分配方案。

即使这样，有些儿童也上不了墙怎么办？扶！动手替他改作文，再上墙，扶一段时间，兴趣有了，随着时间的推移，这个问题就解决了。

老师要注意在班级里保持一种表扬上的相对平衡（而不是绝对平均），这对激发整个班级的活力，是有好处的。

四

激励儿童的自由写作热情，可以用到的技巧方法，当然远远不止这些。

再举一些例子：

1. 鼓励儿童每学期把自己最好的作品，整理成一个作品集，加上封面，再请人写序言，变成图书保存下来。家长也可以协助来完成这件工作，序言可以请老师、好朋友、父母，以及自己佩服的熟人来写。

2. 可以鼓励儿童集体创造一部"长篇小说"，分头写作，保持人物与主题的统一。

3. 老师要巧用评语，为不同类型的儿童提供不同的激励。为了减轻负担，不必每次都批阅，但是，一定要读完每一个儿童的作品。

4. 可以把儿童的作品以主题、专题等各种方式，做成公众号文章或美篇，然后进行转发。

5. 可以鼓励儿童投稿，或者与儿童杂志或网站建立起长期的合作关系。

……

技巧可以无穷无尽地罗列下去，但是，技巧永远不是最重要的。那么，最重要的是什么？

是在一间教室里，老师和儿童在一起真诚地共同生活。

在无数间教室里，老师和儿童在一起，却没有生活，这是一个指令的、割裂的、二次元的世界。而共同生活意味着，除了考试分数，我们关于知识，关于生活，关于生命意义，有着许多的快乐与痛苦、困惑与思考。我们需要一种方式，来完成一种深度的表达与交流，而写作，就是所有可能的方式中最好的一种。

不要假装写作，不要为了所谓的写作能力而写作。写作就是我们的生活，就是我们对生活的记录与反思，就是一种抵达未来的道路，就是一种共同生活的桥梁。一旦有了这种自觉，那么，纷繁的生活就有了秩序，迷茫的生命就有了光芒。而写作，也就有了旨归，以及源源不断的活水。

晨诵与儿童诗仿写

从一年级下学期，一直到二年级，甚至三年级上学期，有一个特殊的时期。这一时期，儿童对儿童诗开始变得敏感。

在这一阶段之前，是一个儿歌童谣时期，儿童并不能精确地理解童谣本身的含义，吸引儿童的，是童谣本身的节奏以及场景带来的安全感和愉悦感，在这一时期，所谓的意义，就蕴含在节奏之中。这一时期，从学前一直延续到一年级为止。

儿歌童谣是不适合有感情地朗读的，适合打着节拍游戏性朗读。

儿童诗的晨诵，为什么是重要的?

从营养的角度讲，儿童诗涉及的，主要是儿童生活的方方面面。涉及道德发展、心理发展、社会交往、自然万物等。儿童诗用浅显易懂的方式，揭示了生活的本质与方向，从而一方面给儿童以宣泄的出口，另一方面给儿童以朝向的方向。同时，也培育了儿童对道德心理、对社会关系、对自然万物的内在的敏感。

从语言发展的角度讲，从简单的节奏形式，到较为复杂的儿童诗的形式，这是儿童语言发展上的一次飞跃。儿童开始通过诗歌理解语言形式与表达内容之间的微妙的关系，并且借由朗诵，尝试练习和表达自己对这种关系的理解。简单的鼓点，让位给复杂的交响乐；节奏形式的均匀感，让位给了随着内容而变化节奏的和谐感。

晨诵，就是一首诗慢慢绽放的过程。在这个过程中，儿童经历了基本理解，进入了诗歌，并与诗歌发生了共鸣，最终通过朗读来表达出来。但这一切还不是结束，有相当一部分晨诵诗，很适合仿写。儿童通过仿写，不但进一步地理解了

151

诗歌，而且更深刻地习得了语言形式。

一

晨诵诗仿写，主要有四种形式：换写、续写、仿写和创作。

换写是晨诵诗仿写的早期主要形式，鼓励儿童通过换掉一些关键词，来改变诗歌的指向或意义，但又不改变诗歌的语言结构。

例如前面提到过的《早安，小松鼠》：

早安，小松鼠
刘可式

早安，小松鼠
整个早晨
我一直看着你
怎样把每一寸
玲珑的晨光
变作七彩的跳跃
嚼成松子的果香

例如，我们可以把"小松鼠"换成另外一个对象，再把内容进行必要的替换，以保持同一性，就是一首新的好诗了：

早安，亲爱的妈妈
整个早晨
我一直看着你
怎样把每一寸
玲珑的晨光

变为美味的食物

做成爱的芬芳

有时候，师生之间可以互致问候来开场——

师：早安，亲爱的孩子们

生：早安，亲爱的老师

师：整个早晨，我一直看着你们

生：整个早晨，我们一直看着你

师：怎样把每一寸玲珑的晨光／变成七彩的朗诵／嚼成书本的芳香

生：怎样把每一寸玲珑的晨光／变成粉笔的舞蹈／嚼成知识的芳香

这既是换写，也是师生围绕着诗歌的生命编织。有些换写，改换了人称，改换了叙事主体，让诗歌更贴近了生命生活；有些换写，改换了对象事物，用诗歌来表达自己的感受。

例如：

谁会爬？

谁会爬？虫会爬。

虫儿怎么爬？

六只脚儿向前爬。

谁会游？鱼会游。

鱼儿怎么游？

摇摇尾巴点点头。

谁会飞？鸟会飞。

鸟儿怎样飞?

张开翅膀满天飞。

在这里,关键是通过替换,换成另一种动物,随之改变相应的动作和情态。例如:马会跑、兔会跳等。

无论如何,改换诗歌,都有两点基本的要求:一是保留原诗的结构;二是保持全诗的前后一致。不能改了前面忘了后面,结果方方面面对不上,这就是失败的换写。

二

续写的文本,往往具有某种特殊性,即诗歌本身为续写留下了空间。否则,一首完整的诗歌,非要续写,就成了狗尾续貂。在晨诵中,适合续写的诗歌是不少的,例如:

开满鲜花的头

(意大利)贾尼·罗大里

如果头上不长头发,

种满鲜花该是怎样的景象?

一眼就可看出,

谁心地善良,谁心情悲伤。

前额长着一束玫瑰花的人,

不会做坏事。

头上长着沉默的紫罗兰的人,

有点儿黑色幽默。

顶着一头零乱的大莩麻的人呢？

一定思维混乱。

每天早晨徒劳地

浪费一瓶或两瓶头油。

干国祥、陈美丽老师编写的《晨诵课》，在这首诗后面，附带了一段说明，是非常好的写作提示：

哦，这世界上形形色色的花草，就是形形色色的人，形形色色的人，也就像形形色色的花草——

向日葵明亮奔放，兰花含蓄优雅，猪笼草爱耍小圈套，仙人掌总想扎你几下。还有：

金盏菊、风铃草、郁金香、水仙花、月季、美人蕉、茉莉花、含羞草、蝴蝶花、野菊花、牵牛花、蔷薇花、吊兰、芦荟、文竹、鸢尾花……

你又会把它们写成怎样的诗句？你又会把自己写成怎样的诗句？

换写和续写，难度相对较低，但是，因为已经有了语境的限制，儿童在换写或续写时必须考虑到下列情况中的一种或多种：

1. 换写或续写中，所用到的事物，与原作是否保持了一致？

2. 在句法或词法上，是否与原作保持了结构和形式的一致或和谐？儿童并不需要懂语法，这是一种感受性的模仿能力。

3. 在意义上，是否与原作保持了协调，或者形成了自然的拓展？

4. 在音韵上，是否听起来舒服？就是说，多数时候，有意识地要保持押韵，或者在平仄上遵守常识。这不需要掌握，而是通过换词去体会。

在这个过程中，不同的儿童写出来的诗歌，与原作的默契度不同，这表明了不同的语感水平。在教学中，老师通过挑选范例进行展示，或对某些范例进行修改，或自己范写，让学生去体会更好的写法，从而潜移默化地培养对语言的敏感，对诗歌节奏的敏感。

三

换写和续写，都高度依赖于原文的结构甚至意义，仿写，则更自由，但原创程度的要求也更高。可以模拟原作的结构，也可以模拟原作的风格。

下面的案例，来自河南郑州经开区龙美小学新月教室，指导老师叫丁红瑞，这是一所全面践行南明教育"全人之美"课程的学校，看看这个班儿童对谢尔大叔充满想象力的诗歌的模仿：

> 葫芦丝
> 路台炀
> 葫芦丝里的小精灵都怕热！
> 当我们为它们吹进凉风时，
> 它们就快乐地唱歌！
>
> 但如果，我们的力气太大，
> 就会一不小心把它们全家吹散，
> 葫芦丝里一阵哀嚎！
>
> 或者如果吹气的时候，
> 有太多唾沫，
> 小精灵们就要陷入迷雾之中，
> 分不清东西南北和哆来咪。

四

无论是换写、续写还是仿写，都是在训练儿童对语言的敏感。并且，这种敏感要以可见的方式表达出来。到了一定的阶段，或者在这个过程中，创写就开始了。儿童受到了儿童诗的影响，思路就打开了，就可能涌现出五彩缤纷的作品：

阳光派对

新月教室

如果

我们要开一个阳光派对，

我们就请

春风妈妈梳头发

蓝天哥哥做蓝西装

月光阿姨织一件银丝衣

黑夜叔叔做顶魔术帽

星星妹妹做耳钉

我们就请

彩虹小姐做一杯鸡尾酒

白云奶奶做一个奶油蛋糕

流星弟弟给我们做烟火

雪花姑娘给我们做冰淇淋

我们就请

银河给我们做轨道

太阳给我们做火轮

闪电给我们做霓虹灯

雨点给我们做音乐

我们一下子请来了

日月星辰，蓝天风雪

这真是人类有史以来最酷的派对啦！

新月教室的孩子们，也为二十四节气写了不少诗，例如：

雨水

新月教室 / 李思彤

红的，黄的，紫的，白的，

每一朵都是春天可爱的小脚印。

春分

新月教室 / 晁子晴

阳光下，
樱花像是在看自己影子的天真孩子。

清明

新月教室 / 张静涵

一阵风，
把樱花吹乱。

当初也是这风，
把两个人的心吹散。

为什么举这间教室的例子？因为大家会发现，这间教室的诗歌之美，不是某一个孩子的，而是整体的美。这意味着什么？诗歌不是少数儿童的事，不是天赋儿童的事，到了特定的年龄阶段，每个儿童，都可能写出特别美的诗歌来。儿童能不能写出好的诗歌？这主要取决于老师的引导和反馈。

在这个过程中，儿童不知不觉地呼吸着语言。他们倾听诗，理解诗，朗诵诗，创作诗，在这个过程中，语言的细微之处，不知不觉中变成他们身体的一部分。

这是一个特别的时期。因为一旦过了这个时期，对儿童诗的敏感就降低了。到了中高段，尤其是高段，儿童接触到的诗歌，就逐渐转为以经典为主了。而经典诗歌，很难模仿。因为经典常常意味着灵魂和诗艺的高度，拙劣的模仿，反而对原诗是破坏。这时候，儿童反而应该去理解和聆听。这时候，诗歌评论，以及将原作化为散文，就是一条更好的自由写作路径。

（关注公众号"老魏的咖啡馆"，回复"新月教室"，阅读《新月教室部分诗选》）

怎么指导儿童写读后感?

儿童需要写读后感吗?

通常情况下,是不需要的。

我们为什么阅读一本书?有时候是为了知识,这是一种理性的建构,没必要去写感受的,要写,也是概括要点。比如你读了一本理论书,最好的方法,是对书中的精华进行提炼概括,没必要去谈什么感想。有时候是为了消遣,金庸小说你非常喜欢,读得如痴如醉,但你不会每读一篇或一本,想着要写一篇读后感,你又不是六神磊磊。假如书商说,借金庸小说读,可以不要钱,但是你必须每读一本,提交不少于 1000 字原创的读后感。那么,估计你早就改读古龙了。

那么,儿童在什么时候,需要写读后感呢?

当儿童读完一篇文章,或一本书,强烈地感觉到有话要说的时候。儿童迫切地想要表达,想要交流,这时候就需要会写读后感。不然,满肚子的话,在纸上不听话到处乱跑,看的人就莫名其妙了。

还有一种情况,是公共生活需要儿童用读后感的形式去表达。例如,读完一本书,老师需要用共读课进行交流。这时候,大家提前需要一些准备,可能要把自己的感受预先加以整理完善,读后感就形成了。

而儿童写读后感的能力,是需要在写读后感的过程中练习的。在这里,老师加以适当的指导,就会事半功倍。

一

读后感有一个基本结构，其他更复杂的结构，都是由基本结构变化而来。这个最基本的结构是：

我读到了什么？

我感到了什么？

还可以把"我感到了什么"再分为两层：

我怎么看待我读到的东西（认识）/ 我怎么感受我读到的东西（感觉）

这种认识对我有什么启发 / 这种感觉对我产生了什么影响

这样的话，也可以把基本的结构分为三层：

我读到了什么？

我认识 / 感受到了什么？

这种认识 / 感受怎么启发 / 影响我？

这个过程，就是一个正常状态下的自然阅读过程。我们读到一个故事，形成了一个认识或产生了一种震撼，这种认识或震撼，对我们产生了影响。

举个例子，假如要写关于《绿野仙踪》的读后感，结构可能是这样的。为了只呈现模型，我们简化为几段话——

《绿野仙踪》讲了这样的一个故事。一个生活单调乏味的叫多萝茜的乡下女孩，突然被一阵飓风卷到了一个奇异的地方，经历了一系列的奇遇，并且结识了稻草人、铁皮人和狮子三个朋友。最后，在他们的相互帮助下，各自获得了想要的东西。想要回家的多萝茜最终也回到了家乡。

这个故事，让我认识到了朋友的重要性。每一个人都有自己的缺点，比如稻草人没脑子，铁皮人没有心，狮子很胆小。在成长的道路上，单凭任何人的力量，都没有办法达到自己的目标。但是大家相互合作，则可以扬长避短，取得辉煌的成就。

我是一个不太愿意与人交往的女孩。多萝茜给我的启发就是，要勇敢地踏上黄砖路，真诚地帮助身边的朋友，最终也会获得他们的帮助，拥有友谊以及人生的成功与幸福。从这个意义上讲，这本书，就是卷起我的"飓风"，非常的及时。

这是一种基本的读后感三段论。

二

读后感的开头，通常不能过长。因为重点不是"我看到了什么"，而是我的认识与感受。"我看到了什么"只是一个引子，引发了后面的认识与感受。

而"我看到了什么"则意味着，这不是故事梗概，儿童不必详细交代整个故事，只要写出引发我思考的部分就可以了。例如，开头可以是这样的：

> 在《绿野仙踪》中，有一个有意思的人物，叫奥兹。在传说中，他是大魔法师，但当多萝茜们见到他时，才发现他根本没有法力。

写到这里，概述就完成了，这就是"我"看到的。接下来，就进入了读后感的下一部分：

> 那么，奥兹到底是一个有影响的魔法师，还是一个骗子？这是一个有意思的问题。说他是魔法师吧，他并没有什么魔法；说他是骗子吧，多萝茜一行，的确是因为他，才走了这么远，来到这个地方，并且事实上获得了自己想要的东西……

就是说，读后感开头对原作的概括，是服务于读后感主题的。这个概括，可能是整体概括，也可能是部分内容的概括，或对某个人物或某种关系的概括。接下来，讨论的核心，就与奥兹这个人物有关。

这是一种交际语境中的概括技巧，概括或者概括性描述，必须服务于后面的感受或论述。否则,概括就变成了机械的概括。学校里许多的概括训练都是机械的,例如强调了时间、地点、人物、事件等,但在一个具体的交际语境中,未必需要所有要素,而不同要素的重要程度,以及要素之间的关系也会不一样。

三

主体部分,是描述自己的感受,或者发表自己的看法,或者二者兼而有之。

这一部分的关键,在于清晰。清晰在于,要试着把感受也好,看法也罢,能够有秩序地表达出来。在这个训练过程中,要不断地和学生交流一些基本的技巧。在不同的年级,技巧的复杂程度不同。

例如,中年级,要训练用简单的一句话,或者一段话,把自己的感受或看法描述清楚,再详细加以说明(例如举例说明)。这是一种中心句训练法。到了高年级,要训练"事不过三"的原则,训练用三个分论点或中心句,支撑起更为复杂的论述,同时照顾到三个分论点之间的关系(时间、空间或逻辑)。

前者如:

> 在我看来,奥兹似乎是希望的象征。为什么说奥兹是希望的象征呢?因为……

后者如:

> 在我看来,奥兹是希望的象征。为什么说奥兹是希望的象征呢?
> 因为奥兹,这一群人才决定上路,拥有了共同的目标。在作品中……
> 因为奥兹,这群人拥有了自己想要的东西。铁皮人……
> 正因为奥兹实际上"无能",所以,多萝茜等人才"能"。假如……

而我们能够被打动,或者产生某种认识,又源于感同身受。即我们的生活经历、生命气质等,与作品中的某部分,产生了共鸣或冲突,进行了皮亚杰所谓的同化或顺应。前者让我们觉得作品说出了我们的心里话，后者让我们觉得作品照出了我们的缺陷。因此，读后感经常还会有第三部分，就是将作品与我们的生命、生活联系起来。

例如：

> 我觉得自己很像稻草人。在很长时间里，我都很自卑，认为自己没有脑子，不够聪明，认为这就是我成绩不好的原因。但是，《绿野仙踪》让我看到了，真正的脑子，是在使用的过程中发展起来的，而不是天生的。这，大概就是老师经常讲的成长性思维吧？

四

读后感有没有模型？

一切思考和感受都有内在模型。我们读一篇文章或一本书，这是一个自然而然的交流过程，是一个书中的内容引发我们的思考和认知的过程，而这个思考和认知，又是建立在我们生命和生活特性的前提下。

理解了这一点，就可以在掌握模型和训练模型的同时，去获得一种写作的自由，即"从心所欲不逾矩"。无论多复杂的读后感模型，都只是基础模型的组合或镶套。举个例子：

1. 可以随感式的边引边评。例如：

> 在《绿野仙踪》中，有三个地方我印象最深。
>
> 一处是……的时候……，这一处给我的冲击是非常大的，因为……
>
> 另一处是……的时候……，这一处曾经让我很疑惑，为什么……
>
> 还有一种我印象很深，就是……，我没想到主人公会……

2. 可以将顺序倒过来写。例如：

有一段时间，我非常沮丧，觉得自己智商确实有问题。同桌看一眼就会的数学题，我得做老半天。我一度放弃了努力，既然天赋有差距，努力又有什么意义呢?

但是，这次《绿野仙踪》的共读，给了我强烈的震撼。尤其是稻草人的遭遇，给我以很大的启发……

3. 也可以将模型中的几部分叠加在一起。例如：

看完《绿野仙踪》，我忽然想，多萝茜的家乡那么贫瘠，她为什么要回家?

沿着这个思路，我陷入遐想之中：假如多萝茜不回家呢? 那么，接下来她会……

……

实在是想不下去了。我终于明白，为什么多萝茜必须回家。而一切童话都是象征，我们从家园出发，最终必须回去，让我们的家园，因为我们的成长，而变成一个奇异的世界。

总之，写法上的创造，可以是无穷尽的，但是核心是永远不会变化的，就是一本书如何影响和改变我们。老师在指导儿童写读后感的过程中，既要有意识地教授标准的模型，以便儿童学会规范的表达。同时，要善于捕捉儿童创造出来的各种精彩的表达，包括自己写下水文，以丰富和提升儿童在写作方面的表现力。

怎么指导儿童写日记？

在统编本语文教材三年级上册第二单元，有一次习作安排，是让儿童学习写日记。目的不是写一次日记，而是养成写日记的习惯。写日记的确是个好习惯，如果儿童养成了写日记的习惯，在很大程度上就能够取代自由写作，或者，至少是自由写作特别好的补充。

那么，三四年级的老师，怎样才能帮助儿童养成写日记的习惯呢？

一

日记到底写什么？这是老师首先应该弄明白的问题，也是首先要教给学生的问题。

真实是日记的第一属性；记录与反思，是日记的基本功能。这意味着，日记也有暮省的价值，是自我教育的非常重要的方式。魏书生把日记比喻为"道德长跑"，在某种意义上是有道理的，只是他对道德的理解过于狭隘，容易让人将道德理解为做一个品质高尚的人。而事实上，道德在更多的时候，是指我们应该如何生活。

日记与自由写作的最大区别，就在于非虚构性质。当然，日记也属于广义的自由写作，必要时，也可以把二者融为一体，不必一定变成两种写作方式。

在儿童刚开始学写日记时，要给儿童一定的格式，习惯以后，再自由写日记，不必有太多的条条框框。那么，初始的格式，怎样的结构最好呢？

可以考虑一个三段格式：

1. 清单式记事；

2. 关键事件；

3. 感受或思考。

举个例子，我虚拟一则日记——

9月24日　星期二　晴

今天的事真不少：语文考试；数学学科换老师了，新老师姓陈，今天第一次上课；王一凡上课又吵闹，被英语老师罚站；下午上美术课，我的作品被表扬了，开心。另外，明天要带轮滑鞋去学校。

晚上回家，在小区门口，遇到隔壁班的王磊。他请我和他一起玩，我就把书包扔给妈妈，陪他在小区的活动区玩了一个多小时。不过，妈妈的脸色可是越来越不好看了，害得我虽然在玩，但是也受到了影响。最后妈妈忍不住了，说："你再玩下去，作业写不完怎么办？！"我很生气，但毕竟我是小孩，只好跟妈妈一起回家了。

后来想想，要理解妈妈，她辛苦了一天，还要陪在那里担心作业。但我也想玩，怎么办？其实可以约定一个时间，到时候就回去，而且，没必要让妈妈守在旁边，她可以去旁边超市买菜什么的。

这种三段格式，旨在培养清单的习惯，叙事的习惯以及反思的习惯。如果没有写作，生活是稍纵即逝的。哪怕有反思，也是在头脑中盘旋一会儿，就消失了。清单使儿童养成记录的习惯，重要的事情就不会轻易忘记，可以回溯；叙事使儿童养成复盘的习惯，对重要的事情进行一轮重新回忆；感受或思考使儿童养成反思的习惯，形成自我管理的能力。久而久之，在生活方面，儿童就会变得更为自觉。

对儿童来讲，麻烦在于，怎么能够确保每天都有内容可写？

不要总觉得儿童的生活是两点一线，真正的生活，是一种内在的生活。用句被说滥了的话来说："生活中并不缺少美，缺少的是发现美的眼睛。"正是通过书写，儿童才越来越觉得可写的东西不少，才训练出了对写作的敏感。对写作的敏感，本质上就是对生活的敏感。

而在这方面，老师的确需要启发、示范与提供样例。

例如，可以在晨诵前，或语文课前，增设一个"每日日记欣赏"，由一位同学提供近期自选的一则日记，拍下来给老师，老师再分享给全班同学看。这样，就能够从他人的日记中获取启发。

二

上面讲的，是日记的格式和内容问题，即日记到底写什么的问题。和这个问题同样重要的，是如何激发学生日记写作热情的问题，或者更准确地说，是如何让日记写作成为习惯的问题。

要让写日记成为习惯，要解决时间问题和动机问题。

如果是寄宿制学校，可以在晚自习结束前 20~30 分钟，有固定的暮省时间来写；如果是走读学校，可以在延时时间中切出一块，用于日记写作。这样明确时间的话，写作时间相对有保证。

那么，如果在校时间确实紧张，空不出固定时间呢？那么，就要跟家长协商好，鼓励儿童在家来写，并且，时间相对限定在 20 分钟以内，或者 20~30 分钟之间。偶尔有兴致了，想要写长，也无妨。这 20 分钟，建议放在每天作业完成之后。

在学校写和在家写，各有利弊。在学校写，容易卷入所有儿童参与；在家写，这个难度就大大增加了。在学校写，不容易形成未来的日记习惯，在家里写，更容易形成未来的日记习惯。

有人问：作业那么多，哪有时间写日记？

这取决于我们对日记价值的判定。是不是说，作业就比日记重要呢？事实是，每天的日记，确保了对当天的反思，要比简单机械的作业更为重要。长期的日记写作，带来的是自律，是生活方式的自觉，是凡事抓重点的能力，是强大的写作能力，思考问题的条理性，是一生有用的能力。觉得作业比日记重要，这是一种价值观上的选择。

以上说的是时间问题。概括一下，通常并不是没有时间写日记，而是我们如何判定日记的价值，从而判断是否要把日记写作放在优先位置。

那么，怎么解决日记写作动机的问题?

儿童必须从这件事中获得好处，并凝固为习惯。好处，或者说奖励，分为两种，一种是外部奖励，一种是内部奖励。一旦形成了习惯，就不容易破坏了。例如，有一个人写了十年日记，一天都没有落下。那么，在接下来的十年中，大概率地也会坚持每天写，因为他不愿意在一件已经坚持了这么久的事情上留下空白或遗憾。

外部奖励，主要源于父母和老师的反馈，这里的技巧是无穷多的。例如——

1. 日记每周交一次，老师浏览后，选择性批阅，例如特别地回应其中某一天的日记。

2. 开展日记打卡活动，每天只要写了日记，就在教室的墙壁上贴表格处打卡。

3. 定期分享儿童的日记（必须征得本人同意），目的是激励儿童，以及为其他儿童提供范例打开思路。

4. 在分享儿童日记时，要确保一种平衡，即所有儿童的日记都要分享到，优秀日记适度多分享几次，但是要提升标准。

5. 使用专门的或订制的日记本（网上订制很方便），从形式到内容，让日记成为作品，每一季度或每一学期装订为一册保存。

6. 将日记本的使用与封存仪式化，开启时有仪式，学期结束时有仪式，封存起来供成人时再开启，为一生留下有价值的材料。

……

三

总结一下，关键是两点，一是让儿童坚持写日记，二是让儿童知道日记写什么并持续改进。

接下来，再澄清一组问题。

1. 儿童真的有必要形成写日记的习惯吗?

事实证明，写日记是一个好习惯，许多杰出人物，都有写日记的习惯，像富兰克林、曾国藩、胡适、季羡林等人，都是如此。苏格拉底说过："未经省察的人生是不值得过的。"日记，是最好的省察方式之一。不仅如此，等到儿童成人后，进入职场，日记的作用更大，并且，会进行拓展。因为成人的世界里信息太多，日记就是对信息进行处理，以避免迷失的方法之一。在这个漫长的过程中，日记本身会不断地进化，成为一个人发展的重要组成部分。最终，甚至会演变为人的大脑，与整个世界进行密切的链接。现在的许多在线笔记，例如印象笔记，以及手账等，都在以各种方式帮人类整理自己的生活。换句话说，日记让生活变得更自觉，更有秩序感，因此也更有效率。

但是，日记也可能不适合少数儿童，有部分高创造性儿童，会抗拒日记本身的机械属性。但是，我们要识别，一个儿童不喜欢写日记，到底是懒惰，还是生命气质与日记这种形式相冲突？如果是后者，就要网开一面，尊重儿童自己的方式。

2. 有了日记，还需要写随笔吗？

日记和随笔，的确可以相互部分替代，甚至有时候就是一个同义词。但是严格地讲，日记还是不同于随笔，日记更强调真实的记录习惯，是生活方式的一部分。而随笔本质上是自由写作，可以真实也可以虚构，但是相对于日记就要正式许多，耗费的时间也要多得多。

因此，有写日记习惯的话，随笔建议每周一篇，规定一个字数的底线，以鼓励儿童在写作上进行深度加工。如果没有写日记习惯的话，随笔建议每周两篇，以保持足够的写作量。

3. 日记是私人写作还是公共写作，有必要让老师或父母看吗？

日记本质上是私人写作，但是，日记的写作者，也可以以公共写作的姿态对待日记，即与人分享。通过与人分享获得反馈，让日记成为公共生活的一部分。例如网上的印象笔记之类，也有共享功能。日记写作者可以决定是全部共享，还是部分共享。

如果儿童选择了不共享部分日记，可以专门做出标识；如果儿童选择了不共享全部日记，也可以做出声明。如果儿童承诺写日记，又选择不共享，也要许可，不要因为检查原因，强迫儿童公开日记。信任儿童是非常重要的，宁可在这个过程中，承受被儿童欺骗的代价。

4. 日记必须每天都写吗? 周末呢?

原则上，日记必须每天都写，甚至大年初一，这更有利于习惯的养成。少数的例外，反而损害了日记的持久。

如果儿童太忙，或者实在无话可说，甚至要允许儿童在日记中只写一句话:"今日无话可说。"这本身也是一则日记。在这时候，形式比内容重要。因为一旦开始断裂，就会断裂很长时间，甚至永久性地断裂。

通常来讲，要允许补 24 小时以内的日记作为补充。例如，今晚我太忙，没写，明天补上，这是可以的，是必要的弹性。

最后，强烈建议教师也养成写教学日记的习惯，甚至演化为融资料与日记为一体的习惯，这是专业发展最好的路径之一。

怎么提升儿童的口语交际能力？

　　口语交际能力，乃至于刻意的演讲能力，是儿童非常重要的一种能力，需要从小培养。

　　为什么需要从小培养？因为口语交际能力，是一种包含理解、表达、肢体动作在内的综合表现能力。这种能力如果不从小培养，就会错过敏感期，让成年后的表达变得不自然，甚至缺乏勇气。

　　口语交际训练包括了多方面的内容，既有课堂上的刻意练习，也有平时言行举止当中的指导。甚至包括对上课发言的刻意聚焦，也有着重要的意义。

　　从课程的角度，小学三个阶段，重点有差别。低段，侧重于讲故事能力的培养；中段，侧重于口头分享与演讲能力的培养；高段，侧重于演讲与辩论能力的培养。

一

　　儿童的口语表达，是从模仿开始的。而在低段，讲故事，是模仿表达的最好的方式。故事容易吸引人，儿童容易从讲述中获得成就感；故事需要有理解地讲述，儿童能从讲述中发展思维能力；故事在表达时有明显的节奏的情感，也是口语训练的好材料。

　　讲故事训练的要点，是以自己的方式重构故事，加入了自己的理解与判断。因此，在讲故事训练中，一定要避免儿童背诵故事，而要鼓励儿童讲清楚故事的经过与高潮，并且，不要在乎细节处的失真。有时候，细节处的失真，正是故事的重新创造处，自有其意义与价值。

儿童通过讲故事，训练了哪些能力呢？

1. 理解能力。儿童必须深刻地理解故事，才能够讲好一个故事。如果没有理解故事，就会出现鹦鹉学舌式的主次不分。理解的尺度，就在于把握故事结构上的关键点，确保重点信息不遗漏，故事保持结构的完整性，以及必要的趣味性。因为要讲述，儿童就必须反复阅读和理解故事，这无形中促进了深度理解。

2. 表达能力。儿童无论对故事有多熟悉，在脱稿且不背诵的情况下，讲故事一定是一种重构。这种重构中，也表达了自己的理解。在这个表达能力中，潜意识里贯彻了结构化处理故事的能力、在时间中把握故事节奏的能力、必要的修辞能力，以及，根据听众的反映互动调整的能力。这些能力中，大半是无意识的。有了足够的训练，就会形成。

3. 肢体表现能力。讲故事是一种面对面的交流活动。除了用语言来表达，儿童还需要用肢体，包括身体、四肢、面部表情等配合语言，来形成一种综合表达。这种配合的自然、恰当，也是一种非常重要的能力。

在讲故事方面，固然要有一定的指导，但重要的还是练习时间。儿童有了足够多次数的讲故事训练，讲故事的能力就会提升。而每一次在教室里登台讲故事，提前最好有家庭的配合，帮助儿童进行打磨，以确保故事的吸引力。

二

中段开始，口语表达训练十分重要。这时候讲故事不再是重点，把自己在生活中经历过的事情，能够向别人讲清楚，就成了训练的关键。

统编本语文教材三年级上册第一单元的口语交际内容，就是《我的暑假生活》，要求儿童和同学分享自己的暑假经历，重点讲印象深刻的事情。

这时候，就要开始尝试为口语交流建立一套程序，以促成高效率的训练。这个程序包括两个部分，一个是基础部分，一个是核心部分。我们可以用一张表格来说明（表格只是举例，大家可以修改和完善）——

《如何分享一件事》训练清单

基础部分	上台和下台	1.自然上下,除非极其特殊的场合,否则不要有引人注意的奇怪动作。	可以观摩视频。
	讲稿与卡片	1.尽量脱稿讲述,更自由; 2.不能脱稿或紧张,可带卡片记录要点; 3.必须带稿,要避免读稿,底稿只是增加安全感以及避免遗漏。	
	眼神与表情	1.80%以上的时间,眼睛要盯着听众,有眼神交流; 2.表情要自然,避免假笑或僵化表情; 3.双手要自然,手上动作不要太多,可以适当辅助。	
	语调与语速	1.控制语速,不要过快; 2.保持抑扬顿挫,训练节奏感。	
	站位与走动	1.如果把演讲台分为四份,演讲时可以站在中间1/2之间(如果没有演讲桌的话); 2.演讲时,双腿保持肩宽左右最佳,也可一前一后,重心随着演讲进程有一个变化,切忌双脚并拢,十分不自然。 3.演讲时可以适度走动,但不要频繁地走动。	
	问候与致谢	1.问候与致谢,与年龄以及演讲的场合相关,等级明显的演讲(例如会议上的演讲),问候有规定的顺序,一般的分享,可以简要地问候"大家好",更自由的演讲,可以没有问候,直接开讲,更为自然; 2.最简单的致谢,是"谢谢",伴随着鞠躬,千万不要说"我的演讲到此结束"。	
	互动与答问	1.通常会有主持人,按主持人的安排进行,不要抢麦; 2.耐心听对方把话说完,如果不得不打断,也要先致谢"不好意思,您的意思是不是说……"。	
核心部分	语境意识	1.确保演讲内容与听众有较高的相关度,或者是对方感兴趣的; 2.演讲的所有内容,要根据对象不断地进行调整。	
	主旨鲜明	1.要清楚为什么要讲这个故事,主题要非常鲜明; 2.要有金句式的总结,尽量地概括你的观点或感受。	
	详略得当	1.一次重点讲一个故事,其他的简略带过; 2.详讲的事件,意味着要完整地交代清楚来龙去脉,并且有丰富的细节。	
	修辞合宜	1.演讲中可能用到比喻等修辞,要确保是恰当的,有感染力的。	
	注意事项	1.避免自我辩护,例如"我这次没有准备好,请大家原谅"之类; 2.避免自我吹嘘,会很快被看出来,导致难堪,谦逊,回到事件本身,是演讲最重要的; 3.出现遗忘或其他中断情形,固然很尴尬,但这是经常出现的,不必过于介意,调整一下继续讲就可以了。	

这是举例说明，口语交流或演讲，要有一定的尺度，建立相应的标准，这样训练才能落到实处。

有了标准之后，就要建立一个训练的流程。举个例子，假设一周有八位同学分享或演讲，每天两位，从周一至周四，那么，周五就可以有一个复盘。复盘的时候，一定要注意正向复盘的原则。例如，先由学生做分享：这一周，我从哪位同学的演讲中，学到了什么？越具体越好。千万不要变成评判：那个谁谁的演讲，问题怎么怎么着。

纠正必须是私下的交流，公开只展示正确的做法。例如，有同学在台上手势不对，就在课后一对一地提醒和纠正。在复盘时，只要通过视频或现场演示，示范正确的做法就可以了。

三

中段混合着演讲与分享故事，高段则以演讲为主，同时根据进度带入辩论。

高段以演讲为主，意味着讲故事的比例显著下降了，表达观点的比例加强了，演讲稿写作的重要性也加强了。

演讲也好，辩论也好，都不是纯粹的形式训练，而要逐渐变成一种生活方式，核心，是"思"，是对日常生活的思考、思辨、反思、思想。日常生活的内容，既覆盖到了班级生活，也覆盖到了校园生活和家庭生活，当然，更连接起了广阔的社会生活。在我们的因缘世界里发生过的一切我们感觉到有价值的事件，都可以成为研究与审辨的对象，可以成为演讲与辩论的材料。

教师的价值，就是创造这样的一个空间，一个场域，让学生或许稚嫩的思想，有一个练习或展开的时空。

例如，素材可以由教师提供，内容来源于——

1. 班级发生的有争议的冲突事件；

2. 教材中出现的可供探讨的话题；

3. 共读书籍中可以分享的主题或有争议的话题；

4. 学校生活中的有讨论价值的事件；

5. 家庭生活中常见的问题；

6. 社会热点事件的讨论或争鸣；

7. 部分与年龄特征接近的二难问题讨论；

……

围绕着这些素材或主题，儿童可以表达的空间是非常广阔的。在思路充分打开的同时，再对思维和表达本身的秩序性进行适当的约束。例如——

1. 如前所述，对演讲的外部形态（身体表现，声音控制）进行具体的可训练的要求。

2. 对演讲稿的写作提出具体要求。

一旦要求具体明确了，口语表达的模型就建立起来了。接下来，就是足够数量的训练，确保每一个儿童都有若干次上台的机会。并且，要让演讲或口语表达，像字词一样过关。未过关的儿童，则要老师或家庭加强辅导练习，最终，达到全面实现口语表达的自动化。

辩论也一样，要建立辩论的规范与模型，然后，有足够多的演练。

口语交际或演讲、辩论，本质上都属于口语实践，是需要花漫长时间来训练的技能。在这里，准确的训练点，以及足够多频率的训练，是成功的关键。

而对教师来讲，这也是一种挑战。

在观念上，要避免将口语交际能力的训练变成纯粹的形式训练，脱离了生命与生活，而要努力地恢复训练本身的生活化与生命性，让儿童充满激情地投入口语交际实践中去。

在专业上，这对老师的口语交际知识与能力，都有足够高的要求，需要补充一些相关的学习。更重要的是，口语交际所涉及的主题关乎到广泛的生命与生活的主题，即所谓的大主题，这也需要老师有一些自觉的人文修养，对人类生活和生命所涉及的大主题，有一些涉猎。否则，就不容易形成判断力，也很难指导学生。

怎么指导儿童写演讲稿?

低段儿童的口语表达,主要是讲自己喜欢的现成的故事,谈不上演讲稿,是对现成故事的揣摩和表达;中段儿童可以开始演讲训练,开始要自己动手写稿,仍然是以故事为主,而且是发生在自己身上,或者至少与自己密切相关的真实事件;高段儿童的演讲训练,则侧重于表达观点,能够在有限的时间内,把自己的意思表达明确,这要求演讲稿要写得思路清晰。也就是说,对中高段的儿童来讲,演讲稿的写作,是一件非常重要的事情。

演讲稿的内容,只有两类,一类是讲述故事,一类是表达观点。或者说,讲故事和讲道理。

一

怎么指导儿童写好一个故事?

跟成人写演讲稿不同,儿童写不了复杂的故事。一个简单的故事,怎么令人印象深刻? 就是指导儿童写故事时最大的挑战。这涉及演讲稿选材,以及演讲稿书写。

可以用一组问题来反复启发学生:

1. 在近段时间内,或很长一段时间内,有哪件你亲自经历过的,或看见、听过的事情,对你产生了重要的影响,是值得与他人分享的?

这件事可能很大,也可能很小,这里所说的不是事情本身,而是从事件对儿童的影响来谈的。可能这件事，只是无意中的一件小事，甚至一句话，结果对儿童的心灵或认知，产生了强烈的影响。这件事可能是儿童经历过的，也可能是听别人说的，或者自己从网络、杂志、书籍上看到的。

儿童有时候很难判断，到底什么样的事情是有价值的，是值得与他人分享的。这需要一段时间的相互启发，听别人的故事多了，就渐渐明白了，自己的许多故事，实际上也是有价值的。更重要的，是儿童开始学会赋予一些看似很细小的事情以真正的价值。

2. 这件事情，对你产生了怎样的影响？或者说，它如何影响了甚至改变了你？

比如，你本来学习挺没劲，突然意识到了学习的意义；你本来对父母的辛劳没有感觉，或者只是抽象的认识，现在突然意识到了父母的不易；你本来衣来伸手饭来张口，你忽然感觉到了生活是不容易的；你本来觉得自己挺努力的，忽然从另一个人身上看到了差距；你本来很讨厌一个人，因为这件事，突然看到了这个人的另一面，你对人的认识从简单走向了复杂；你本来一直活在自己的世界里，关注自己的情绪，突然看到了老师的另一面，为自己的任性和不成熟而愧疚……

3. 在这件事中，最打动你的地方来自哪里？如果你是亲历者，那么，哪一刻你的心灵受到了强烈的震撼？

这一个时刻，往往来自冲突、反转、揭示等关键时刻，这也是演讲稿的重点部分。

4. 这件事给予你的启发，你能用简明有力的语句加以概括吗？

这就是演讲中的"金句"。相当于是对主题进行提炼，给故事画龙点睛。

上述四个问题，是为了让儿童"发现"故事和发掘故事。儿童有了恰当的故事，演讲稿的写作才开始了。

二

在一开始训练儿童故事讲述时，可以不必细致地区分各种故事模型，而采用一种简易的结构：

1. 情境—背景

2. 冲突—解决

3. 感受—认识

所谓的情境，就是指故事发生的背景或者土壤，在这个背景下，问题才成其为问题，故事才有深远的意义。比如说，在贫富差距巨大的背景下，《卖火柴的小女孩》的悲剧，才具有普遍意义；在暴风雨之夜，《穷人》的抉择才显得惊心动魄。

而故事的核心，则是一个冲突的搭建。冲突往往是外在矛盾引发的内心斗争，内心的抉择又导致了外部行动的变化。这个过程之所以具有意义，是由于情境和冲突本身的普遍性。而内在的斗争，又容易引发普遍的共鸣。

感受或认识，则是对故事意义的一种情感和理智的概括，起着将经验凝固下来以便于传递的作用。

记叙（略）与描写（详），构成了故事的节奏。凡是记叙部分，都是对故事必要的交代，凡描写部分，都是试图跟听众建立联系，引发听众的现场感，激发情绪与思考的。

这就是故事的规则。

举个例子，有一天，班主任菩提老祖召集全班同学："来来来，从今天开始，我们要开始轮流演讲，每个人讲自己印象最深的故事。如何？"

假如你是孙悟空，这个故事如何讲？

你检阅一下自己的经历，觉得跳进水帘洞，成为美猴王这件事，对你很有意义。那么，你怎么架构这个故事？

故事可能是这样的——

　　我出生在花果山，是一个猴子很多的地方。在所有的猴子中，我是最顽皮的一个。五岁那年，有一天大家在山涧中洗澡，很好奇这水到底是从哪儿来的，就打算去源头看看，结果，发现了一道瀑布山泉。

　　这道瀑布背后会是什么？大家都很好奇。这时候，有一个猴子高声喊道："哪一个有本事的，钻进去寻个源头来，我等即拜他为王。"其他猴子也高声附和，一时间，群情激昂，但是，没有人真的敢站出来。

　　那一刻，我的心咚咚地跳，仿佛要冲出胸腔，一股热血涌上心头。我不由得向前走了半步，但定睛一看，水流湍急，瞬息万变，谁知道这后面会是什么？跳过去，会不会被急流拍死在岩石上，成了鱼儿们的食物？迈出的半步，就这样悄悄地收回来了。

那声音又响起来了："哪一个有本事的，钻进去寻个源头来，我等即拜他为王！"猴群们又一次呐喊起来，但是，没有猴子真的向前。毕竟，这只是一次游戏中的远足，犯不着冒生命危险。这时候我冷静下来，判断了一下形势。瀑布急，正说明背后一定是空的，或许是洞，或许是壁，我跳过去，要么直接跳进洞里，要么看运气能够攀附在岩石上。这是一次挑战，一场生死冒险，但是，这何尝不是一次机会呢？我是冒险一搏，成为众猴之王，还是做个缩头乌龟，等别的猴子跳过去，自己做一个平庸的追随者呢？我觉得，平庸不应该是我的命运。

那声音再次响起来了："哪一个有本事的，钻进去寻个源头来，我等即拜他为王！！"话音刚落，我就跳了出来："我去，我去！"

我闭上眼睛，蹲下身子，纵身一跃。大家猜猜，那瀑布后面是什么？无水无波，明明朗朗一座桥梁，前面是一个水帘洞，很适合居住。我带了猴子们进去，大家也拥戴我为美猴王，我的人生自此发生了改变。

今天我为什么要跟大家分享这件事？因为这件事给我的影响是巨大的，它让我认识到，巨大的困难，往往蕴含着巨大的机会。人生要有纵身一跃的勇气，才可能超越原本平庸的自己。如果要成为领导者，这种勇气更为重要。

谢谢大家。

三

还有一种演讲，是分享一个观点。

在这里，要点是三个：

1. 你的观点，一定要来自你的体验，而不是某种大道理。

2. 尽可能用金字塔原理来构建你的表达结构。

3. 坚持"三的原则"。

不要讲一个跟自己无关的大道理，例如"天才出自勤奋"之类，除非你有过一段勤奋到感动自己的经历，才可以分享这个观点。因为这时候观点才是你的，而不是你在转述别人的观点。所以你的观点的新鲜程度，并不取决于别人是否说过，而取决于你是否真正地经历过。

什么叫金字塔原理？

这是一种结构化整理和表达思想的一种原理或方法，能够将思路整理得更为清晰。塔尖是中心观点或问题，中心观点或问题，会被拆分为若干个要点，并对每个要点进行具体的说明，就形成了一种金字塔结构。

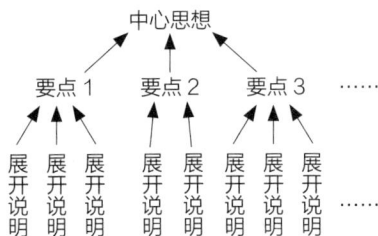

"三的原则"，是指分论点一般不要超过三个，以保持重点突出和演讲简洁。当然，在说明中，在举例中，"三的原则"同样适用。

结合这三个原则，我们可以再想一想，假如孙悟空成佛以后，在如来组织的大会上做演讲，会如何来讲？新题目是一个问题：《什么是领导力？》

大家好。我今天想要跟大家分享一下我对领导力的一些看法。

那么，什么是领导力呢？

领导力首先表现为一种勇气。回想当年，我是怎么从众猴当中冒出来，当上猴王的？本来大家都是一样的猴子，但是有一天，我们看到一道瀑布，水流非常的急，这时候大家都想知道瀑布背后是什么。但是谁也不敢跳进去看看，毕竟这是有生命危险的。当时，只有我决定跳过去看看，结果成了猴王。这件事对我的一生影响非常大，也成为我一生的底色。人的一生一定会遇到许多艰难困苦，如果领导者不率先垂范，那么，怎么服众？如何给团队以安全感?

领导力更表现为一种智慧。有勇无谋，可能侥幸成功，但容易成为炮灰。成为猴王难，但要让猴族发展壮大，就更难了。因此，我一叶扁舟，渡过大海，拜师学艺，最终学成了七十二般武艺，甚至拥有了不死之身。当我再回到花果山时，因为我所拥有的智慧与能力，花果山抵御了包括牛魔王等在内的一系列攻击，甚至在跟天宫作战的过程中也一度占据上风。

我拥有勇气，也拥有智慧，拥有过辉煌的成功，但最终也没守住花果山，换来了五百年五指山下的反思。所以，如果今天让我来回顾，我觉得，领导力最重要的，还是一颗仁心。而这一点，是我的师父唐僧给我的最宝贵的教育。我有勇气面对妖怪，也有智慧捉拿妖怪，但我从师父身上学到的，却是仁爱、宽厚、慈悲。这是一种比有形的刀剑更重要的力量，至今，我还在修习过程中。

回顾我这一生，到底什么是领导力？对众生的仁爱与慈悲，是一种根本性的力量，而勇气与智慧，则是让这种力量发挥作用的重要工具。拥有了这三种品质，我们也就自然而然地成了领导者，而不是权术家。

怎么指导儿童写演讲稿？

这里给出的，只是一个简易而基本的框架，但是非常有效。利用这个框架，更重要的是，儿童要和同伴分享自己真实的故事和思考。一旦离开了活的生活和有价值的思考，演讲就沦为形式，沦为华而不实的表演，甚至变成了"普通话及朗读展演"，这不但会影响到儿童的语言与表达，甚至是不道德的。

怎么写文学评论?

　　我们经常要写诗歌评论或小说评论,或者就某个文本发表意见。那么,文学评论究竟应该怎么写?

　　我们首先要弄明白,读完一篇小说或一首诗,为什么要写评论?

　　当然,是因为要交作业……(说错了,这句忽略)

　　因为我们有感受和思考。兴奋、感动,或厌恶、不屑,这是感受;认同、启发,或批评、修正,这是思考。而我们把自己的感受或者思考表达出来,则一方面是对自己感受与思考的整理,另一方面也是和别人分享或交流的一种方式。

　　怎么分享呢? 比如你今天听到了一个故事,你很感动和深受启发,然后你要把这个故事告诉你的朋友,你会怎么说?

　　1. 你会把故事有选择性地跟朋友讲一下,这叫复述。

　　2. 你会讲这个故事带给你的启发,这叫概括。

　　3. 你会结合故事,讲清楚为什么这个故事会启发你,这叫论证。

　　4. 你会讲这个故事对你的意义,这解释了你为什么要讲这个故事,这叫影响。

　　你把这些按这四步写下来,就形成了一篇评论。这意味着,评论基本上也是由四部分构成,这四部分分别为:

　　1. 背景。

　　2. 观点。

　　3. 论证 / 说明。

　　4. 影响。

一、背景

文学评论传递的核心，是观点。但是，观点不是凭空而来的，一定是被文本中某个东西所触发的。换句话说，观点一定有一个背景，要提出观点，先要勾勒背景。这样，观点才有一个依托，才有血有肉。

当你读了某个故事，特别有感慨，你要把让你感慨的部分，按照你的感觉，重新描述一下。注意，重点来了！你在重新描述时，一定是根据你的需求来选择描述的内容、详略、顺序的。

这里，有一个大概的公式：概述 / 叙述 + 关键场景 / 描写 + 感受 / 抒情 + 问题 / 议论。不一定每次都要素齐全，可以灵活调整。

例如：

概述 / 叙述 / 略写：《丑小鸭》是安徒生写的一部家喻户晓的童话作品，讲的是一个丑小鸭，怎么从受排挤歧视，乃至于差点死去，走向不断抗争，最终成为白天鹅的故事。

关键场景 / 描写 / 详写：童话的高潮，是当春天来临的时候，丑小鸭已经变成了白天鹅，但他自己并不知道，他飞进了一座花园，看到了三只美丽的白天鹅，这时候，他的心里，"感到一种说不出的难过"。因为他以为自己还是那个自卑的丑小鸭，按道理，他应该逃走才对，但是，他却对自己说："我要飞向他们，飞向这些高贵的鸟儿！可是他们会把我弄死的，因为我是这样丑，居然敢接近他们。不过这没有什么关系！被他们杀死，要比被鸭子咬、被鸡群啄，被看管养鸡场的那个女用人踢和在冬天受苦好得多！"于是，他向那些美丽的天鹅游去，那些天鹅看到他，也游过来。然后，丑小鸭说了一句令人心碎的话："请你们弄死我吧！"

感受 / 抒情 / 略写：这是童话中最打动我的部分，每一次读到此处，都有一种想要流泪的冲动。

问题 / 议论 / 略写：一个已经经历过这么多挫折，在最严酷的冬天里熬过来的丑小鸭，为什么要在春天来临时，还固执地游到天鹅这里，甚至请求他们弄死自己呢？

（接下来提出观点：对高贵的向往和对平庸的不堪忍受，是生命中最重要的发展动力）

当然，可以根据要求，以各种方式和篇幅来写，但是，万变不离其宗。

例如，你也可以这样写——

背景：《丑小鸭》是影响了许多人的童话作品，其中有一个场景，对我影响很大。| 当丑小鸭熬过冬天，已经变成天鹅而不自知的时候，他飞进了一座花园，看到了三只白天鹅，然后很难过，觉得自己配不上他们，但仍然勇敢地游过去，甚至低下头说："请你弄死我吧！" | 这个场景震撼了我。| 熬过了严冬的丑小鸭，为什么还要固执地游向天鹅，甚至怀着必死的决心呢？

（观点：我想，答案是显而易见的：对高贵的向往，和对平庸的不堪忍受，构成了丑小鸭人生的主旋律）

总之，怎么写背景？材料的选取、详略的安排、重点的把握、层次的排列，都和观点相关。因为背景是叶，观点是花。背景是为了让观点鲜明地涌现出来，交代观点形成的土壤。在这里，不存在一个放之四海而皆准的标准的概括，一定是围绕观点而展开的有倾向的概括。至于篇幅长短，则要视全文长短而定，确保整体的有机与协调。

二、观点

所谓的观点，就是你读完作品后所受到的最有价值的思考。

这个思考可能很宏观，例如针对的是文章的核心主题；这个思考也可能很微观，例如只是针对某一个细节，比如猎狗为什么不咬丑小鸭，怎么看待农家小屋里猫的观点，诸如此类。这个思考可能跟主题相关，例如丑小鸭为什么能变成白天鹅；

也可能跟形式相关，例如讨论象征手法在《丑小鸭》中的运用；也可能跟背景相关，例如讨论《丑小鸭》与安徒生身世的关系。你可能很赞成作品的价值取向或观念，也可能反对，还可能由此生发延伸。

一个《丑小鸭》，可以提炼出许多观点：

1. 没有一颗高贵的心，就成就不了高贵的人生。

2. 何必一定成为白天鹅？请接受自己本来的样子。

3. 要宽容那些与我们不一样的人。

4. 要拒绝别人强加给我们的人生。

5. 每个人都需要一间农家小屋。

6. 一切作品，都是作家的自传。

7. 象征是《丑小鸭》成为优秀的作品的关键。

8. 自卑，也可能是通往成功的道路。

9. 只有努力，人生才有可能改变。

10. 顺从的人生，是平庸的人生。

……

什么样的观点是有价值的？

首先，要确保观点是合理的。合理不是正确，不存在一个客观的正确的观点。合理是指观点能够自圆其说。其次，要确保观点尽可能地深刻。最后，观点还要尽可能地新颖，发现前人所未见，给大家以启发。

在训练阶段，合理性是优先要确保的。

三、论证

一旦形成了自己的观点，就要通过论据和论证，说明观点的合理性。

在这里，最基础和经典的结构，是金字塔原理。即通过分论点或论据来支持观点，同时，又确保分论点之间，论据之间，形成相互支持的关系，而不能冲突或重叠。一句话，要重视上下左右的逻辑关系。

举个例子，假如观点是"对高贵的向往，和对平庸的不堪忍受，构成了丑小鸭人生的主旋律"。那么，论述部分的结构可能是——

分论点一：丑小鸭是不能忍受平庸的。

论据 1：丑小鸭离家出走。

论据 2：丑小鸭不愿意待在农家小屋。

分论点二：丑小鸭向往高贵。

论据 1：丑小鸭内心深处的奇怪的渴望。

论据 2：丑小鸭见到天鹅时的兴奋。

论据 3：丑小鸭宁可被弄死，也要游向天鹅。

分论点一和分论点二之间的关系，是正反关系。在分论点一中，论据 1 中的不能忍受，还主要是被动的，但论据 2 中的，已经完全是一种主动选择。在分论点二中，从渴望，到兴奋，到坚决地游向天鹅，丑小鸭对高贵的向往，是逐渐递增的。

还可以进行总结，将这两部分用论述整合起来。因为有高贵的心，所以无法忍受平庸，因为无法忍受平庸，所有才拥有了高贵的心。

逻辑处理清楚了，论证的层次就有了，论证的力量就有了。

如果要再往深刻的方向发展，就一定要解决大家可能会觉得棘手的一些问题。例如，它明明是天鹅蛋，不努力也是天鹅，何必受这么多苦？或者，为什么丑小鸭一定要成为白天鹅，谁规定了动物的等级？诸如此类。

也可以在原来的基础上，再增加递进论述的部分，概括丑小鸭故事所隐含的自卑而超越的意义。

新颖，是可以换个角度，甚至反面立意。例如，丑小鸭的妈妈是坏妈妈吗？诸如此类。

四、影响

影响实际上讨论的，是作品与现实，尤其是作品与自我之间的关系。

例如：

今天，为什么丑小鸭仍然能打动我们，仍然能如此地扣人心弦？仍然能让一代代的孩子，为丑小鸭不幸的命运而黯然伤神，为他成为白天鹅而欣喜激动？因为每一个时代，都有一批天鹅蛋落在养鸭场里，被排挤，或者在农家小屋里，被要求像猫一样咪咪叫。换句话说，多少天鹅蛋，最终沦落为成年鸭。而丑小鸭的故事则鼓励我们，永远不要失去那颗高贵的心，并要以百倍的勇气，穿越嘲讽，穿越人世间一波波严寒的冬天，迎来属于自己的春天，属于自己的天鹅之舞。

或者：

其实，每一个人都是丑小鸭。这是每一个个体来到人世间的命运。上天赐予我们每一个人巨大的可能性，这就是天鹅蛋，是高贵的心，但是，当个体面对平均化乃至于平庸化的社会，面临早已经沦落为鸭群，沦落为乌合之众的成人，总会被不由自主地评判、裹挟、规范，我们在多大程度上能够保持那颗自由而高贵的心，成长为一个不甘平庸的卓越的自己？丑小鸭给了我们答案，更给了我们勇气。

或者：

为什么这部小说特别地打动我？因为我也曾经是一个丑小鸭。当我读小学的时候……如今，我仍然是丑小鸭，或许未来仍然是，但是，这部小说至少可以提醒我，成为一个年长的丑小鸭，并不是人生的宿命，成为高贵的白天鹅，也未必就是不切实际的幻想。当我们努力地向着白天鹅游去的时候，或许，我们至少拥有了那颗天鹅蛋，天鹅心，或者说，永不放弃的高贵与勇气。

这一部分当然可以没有，只要前三部分足够深刻。但是，这一部分仍然有自己独特的价值，因为我们不会无缘无故地喜欢一部分作品，或者无缘无故地产生没有根由的思考。我们的思考，一定扎根于我们的存在深处，或者说，扎根于我们的生活、生命深处。内心深处一定有什么被触动了，我们才会去思考，才能够感动，而在最后一部分，我们要把这一点揭示出来，表达出来。

以上，就是文学评论的基本结构。

可以按这个结构不断地练习，练习到一定的程度，可以不断地让这个结构变形，或者丰富、省减，包括创造出自己喜欢的结构来。但无论如何，本质的东西永远是不会变化的，那就是，当我们真正地遭遇一部作品，我们的情感和思考，会同时被触动，或者说，我们的生命，在那一瞬间被照亮了。

而文学评论，无论是一次主动的记录还是对话，好的文学评论，本身也是好作品，会照亮别人。

怎么写人物评论?

读小说,往往会有一些人物,让我们印象深刻。他们可能是光彩夺目的主角,引发了我们的倾慕或向往;可能是罪大恶极的反角,引发了我们的批评或反思;可能只是一个不起眼的小角色,引发了我们的关注与挖掘。

我们把对某个或某些人物的感受与思考,化为有秩序的文字,就是人物评论。

一、为什么要评论一个人物?

我们为什么要评论一个人物?

很显然,是因为他触动了我们强烈的情感,或者引发了我们深入的思考。而这两者,往往是同时出现的。通过写人物评论,我们最初的感受和想法会得到梳理、澄清和深化。

这是我们选择评论对象时首要的考虑因素,但不是唯一的。

我们还需要考虑两个因素。

第一个因素,是我们对某个人物的理解(包含着情感的思考),有没有独特性?这种独特性,就是人物评论写作的价值所在。意味着,我们提供了关于大家都了解的人物的不一样的洞察。可能是逆转了大家的认识,可能是丰富或者拓展了大家的认识,让读者产生了一种感觉:

"啊,原来如此!"

"哇,原来还可以这样理解!"

举个例子，初读《水浒传》，大家看到的黑旋风李逵，可能是天真、孝顺和忠诚。你可能看到了另外一面，比如李逵的残忍、麻木和愚昧，那么，你就可以在原书中寻找证据，有理有据地表达自己的观点，就可能逆转或拓展大家的认识。第三个人可能看得更深刻，例如，看到了天真、孝顺和忠诚，与残忍、麻木和愚昧背后的一致性，从而避免了简单的道德评价，进入对某种人格，乃至于人性的深入思考，这又表现了洞察力，加深了大家对李逵的认识。相反的东西集中在同一个人身上，是完全可能的。例如一个有道德洁癖的人，就可能集正义与邪恶于一身。

第二个因素，是某个人物与我们之间的关系，例如，对我们的启发或影响，共鸣或反思。你可能对这个人物在评价上没有新的见解，但是这个人物对你的触动很大。举个例子，你可能从某个人物身上，看到了自己的影子，从而看到了自己可能性的命运，可能是好的，也可能是不好的。你把这种联结有秩序地表达出来，也是很好的人物评论。

二、怎么评论一个人物？

要让别人理解你的评论，评论就需要有秩序感。或者说，人物评论的写作，需要有一个框架，一个套路，一个格式。框架熟透了，写法就自由了，但在练习阶段，入格是非常重要的。

一般来讲，一开始练习时，可以把文章按四部分来写。和一般评论文一样，四部分依次是：

1. 背景；
2. 观点；
3. 分析；
4. 运用。

这个结构背后，有一种深层的认识逻辑。我们不可能无缘无故地表达一个观点，这个世界上不缺所谓正确的观点。我们要表达观点，一定有一个语境，有一个背景。所以，评论文的起点不是观点，而是观点形成的背景。

在特定语境下形成的观点或认识，才叫洞见，才拥有力量，我们把背景称为观点的条件，这种观点或认识，如果也被称为知识的话，就是条件化了的知识。只有条件化了的知识，才是智慧或洞见。比如你教导一个人，说你应该宽容，这不叫智慧。但是，当一个人面临人生重大时刻时，必须做出决断时，你依据这个背景，教导他应该宽容，或者应该斗争到底，这种判断力，才是智慧。因为在这里讲宽容或讲斗争，都是条件性的，是有具体语境的。

有了观点或认识，就要对它进行详尽的分析。分析的过程，是证明的过程，是理性在这个问题上的反映。有条理的分析，有秩序的分析，考虑到各种反例的分析，会拥有强大的说服力。

最后，这个洞察不只与这个语境有关，它可能迁移到另外的相似语境中去，从而化为理解或解决问题的智慧。另外的相似语境，可能是一些近似的问题环境，也可能与"我"有关。如果不能迁移，洞见就没有意义。就仿佛你习得了屠龙术，但世间再没有龙了。

所以人物评论是一般评论结构的特殊形式，也可以表达为：

1. 根据需要，有倾向性地交代人物及事件，作为进一步评论的背景和前提。
2. 在背景下，提出核心问题（冲突），并提出自己的看法。
3. 从人物经历和环境中寻找证据，证明自己的看法。
4. 将自己的看法与生活联系起来，或者与自己的生活联系起来。

看法也可以不在第二部分提出来，第二部分只提出问题。等全部论证完成后，再形成看法。

三、举个"栗子"

为了讲清楚人物评论的结构，我们来模拟一个例子。假如我要想写一个题目《人生如取经，当作猪八戒》。

写作框架	例文草稿	要点
根据需要，有倾向性地交代人物及事件，作为进一步评论的背景和前提	《西游记》家喻户晓，唐僧师徒，是核心人物； 通常，有人喜欢孙悟空，觉得他有能力，神通广大；有人喜欢唐僧，觉得他意志坚定，是个好领导；也有少数人喜欢沙僧，觉得他不事张扬，做事踏实； 但是，关于猪八戒，就褒贬不一，贬胜于褒。举个例子，调戏嫦娥，被贬下凡，诱抢民女，被悟空制服，实在太好色了。取经路上，也好吃懒做，一遇到困难，就想着回高老庄，意志不坚定。	哪些是信息性的简略交代？ 哪些是必须详细交代的信息，给后文提供了论述基础。
在背景下，提出核心问题（冲突），并提出自己的看法	如果我们把人生比作一场取经之旅，师徒四人代表不同的生活原型的话，那么，真正值得过的人生，到底是哪一种？猪八戒的人生，是否像许多人想象得那样不堪？ 我觉得，答案或许是否定的。很可能，猪八戒的人生，才是"春光灿烂"的，是最值得经历的。	问题出自冲突。 冲突有两种，一种是文本内部包含的冲突，一种是大家关于文本的认知冲突。
从人物经历和环境中寻找证据，证明自己的看法	让我们回顾一下猪八戒的一生。 从天蓬元帅到追求嫦娥，怎么理解猪八戒被贬下凡？ 高老庄时期的猪八戒，想过怎样的人生？ 取经路上，猪八戒比唐僧、孙悟空和沙僧精彩在哪里？ 猪八戒修得正果，仅仅是跟对了团队吗？他在团队中究竟起到了什么作用？	有层次地论证，对开头有回应；要把可能的批驳考虑到。
将自己的看法与生活联系起来，或者与自己的生活联系起来	真正值得过的人生，究竟是什么样子的？ 猪八戒的人生，对我们的启发到底是什么？	从观点回到现实，说明我们从中获得的认知需要普遍性。

处理好结构后，再用中心句和过渡句，让整个文章结构严谨，层次井然，就可以了。

在练习阶段，不一定要有自己独到的看法。你听别人讲，如果能够用人物评论，把别人的意思准确地表达出来，这也是特别好的人物评论训练。

如果不满足于此，希望文章让别人眼前一亮，那么，就要花一番工夫了。

你首先要想一想，别人为什么会被一篇人物评论所打动？

这就需要修炼更高层面的技巧了。

什么是广谱阅读?

儿童在不同的阶段,阅读的内容,实际上有非常大的不同。这种不同,并不是像许多人想当然以为的,只是一个难易程度的差别。因为不同阶段的儿童,其心智发展,精神生活,有着本质的差异。这种差异,导致了阅读内容的差别,不只是难易程度的,同时还包括了形式特征与内容特征。

举个例子,青春期以前的儿童,所读的叙事性作品,一定是以故事为主的,但到了青春期,故事就变成了文学。故事与文学的区别在于,故事是情节性的,语言并不那么重要,而文学除了情节外,形式上的特征(例如陌生化)也是十分重要的。这个区别,是被心智特征决定的。青春期以前,是一个动作思维和具体思维占优势的时期,理解不了青春文学的忧伤缠绵。

还有一个很大的区别很容易被忽略,那就是儿童在青春期以前,最好的阅读营养,是故事,而不是知识。

一

为什么?

因为知识的本质特征,是用精确的、分类的、概括的、抽象的眼光看世界,这需要儿童发展出一定程度的形式运算水平,才有可能完全理解。而在此之前,儿童学习的方式,不是精确的、抽象的和知识的,而是浪漫的和生命的、生活的。在达到形式运算水平之前,或者说,在进入青春期之前,太多的知识灌输,对儿童是没有意义的。一方面，是心智没有达到相应的理解程度，另一方面，是儿童也没有发展出足够的理解海量知识的工具。这个工具，就是以前讲过的自动化阅读能力。

因为这种原因，不同年龄阶段的儿童，所读的作品，无论是形式还是内容，都有着显著的区别。例如，在学龄前，或者说具体运算阶段以前，绘本是儿童最重要的营养。到具体运算阶段，主要是小学的低段和中段，文字故事占了优势，类似国际大奖小说，是童年最好的礼物。三四年级的海量阅读，更是用故事筑就的。故事扎根于儿童的存在深处，甚至潜意识深处，潜移默化地影响着儿童的人格与精神、思维与语言。

等到自动化阅读完成，儿童已经是一个具有流利的阅读能力的人，准备好去探索这个世界了，知识类的阅读，就逐渐地登上了舞台。因为知识类阅读涉及的领域非常的广阔，触角几乎伸展到了人类思想所及的所有领域，从天文地理，到自然万物，到精神心理，这种阅读因此就被称为广谱阅读。宽泛地讲，就是知识性阅读。

难道儿童以前不能读知识类读物吗？

当然不是。有些绘本，实际上不是"绘本"，而是科普作品的图画版。此外，还有一些专门的知识类读物，从以前的《十万个为什么》，到现在的小牛顿科学馆系列，都是给青春期以前的儿童阅读的。但是，这类阅读，不是青春期以前儿童阅读的主流，否则，就像给肠胃还没发育好的幼儿吃坚硬的食物，消化不了还伤胃。

学校里很容易忘记，儿童是先生活，再认识生活，先热爱生命，再理解生命的。在应该大量补充故事的阶段，大量地让孩子读知识，是得不偿失的。有时候还容易产生冲突，你不可能既讲嫦娥奔月，又讲月亮上其实什么也没有，到处是石头。许多学校盲目地、过早地增加知识学习的分量，结果是学生的学习能力还不够强的时候，填充了一堆似是而非的所谓知识，成本高，效率低，还特别不稳定，容易出错。

二

现在情况已经非常清楚了。在儿童还不能大量识字之前，就已经大量地输入故事了，或者通过图画，或者通过口语。一旦儿童能够识字了，就迎来了文字阅读，以至于海量阅读。海量阅读是以阅读自动化为目标的，一旦阅读自动化达成，儿童再大量读故事，意义就减弱了，除非喜欢或打算以文学为业。而这时候，儿童也走到了青春期门口。掌握了阅读工具的儿童，开始进入了生命中的精确期，此时有三类阅读，对儿童来讲是非常重要的，分别是：

1. 经典研读；

2. 传记阅读；

3. 广谱阅读。

经典研读，将会深刻地塑造儿童的思维方式和精神原型，而传记则让儿童从真实的人物身上认出自己，从而有助于自我镜像的形成。更多的时候，是广谱阅读，儿童通过阅读，来接触一个更为广阔的世界。

广谱阅读，读什么？

1. 人文社科类作品。历史的、政治的、地理的、文学的、哲学的、文化的、心理学的、思想方法的……这个领域，和成人所接触的领域一样宽广。

2. 科普类作品。生物的、化学的、物理的、数学的、医学的……包括了形形色色的交叉学科，以及不同的研究领域。

3. 其他领域的作品。例如艺术史、军事领域、体育领域等。

这些领域的大量阅读，将逐渐帮助儿童建立起一张日趋复杂的个人知识地图。知识地图的丰富，能够增强儿童在知识领域内遨游时的自如感。这为儿童进一步的学习，以及未来的发展，奠定了良好的基础。

小学高段开始，广谱阅读的分量逐渐加重，这类阅读，从本质上讲，也是苏霍姆林斯基所讲的"第二套大纲"。在中学阶段尤其有益，让教材学习不再那么枯燥，变得更加容易理解。

开始阶段的阅读，书籍可能是浅易的，儿童必须主动地迎接知识的洪流，让自己浸入其中。而好的广谱类读物，一定是深入浅出的，知识是准确的，描述是生动的，知识地图是清晰的。书籍的选择，也是非常重要的。很可能，因为一本书，一名儿童就热爱上了某个领域，甚至成为终身的职业。

三

然而，这只是广谱阅读的初级阶段，是一个大量掌握事实的阶段。儿童还没有办法理解原理，因为掌握的事实的数量和品质还不足以支撑起深度理解。但是随着时间的推移，随着儿童掌握的知识越来越多，知识的数量，就不再成为广谱阅读的关键。

那么，关键是什么?

是掌握知识的一整套思维方法。再具体一点，就是研究、实验与审辨。我们把实验也归于研究的话，那么核心就是研究性学习与审辨式思维。

这是从知识向能力的转移。

儿童必须掌握一定的事实，尤其是核心事实，这是早期广谱阅读的任务。但同时伴随着，并且越来越重要的，就不再是知识的累积。毕竟，大脑并不是仓库。儿童需要发展出一种能力，能够随时就特定的主题或问题开展研究，找到想要的结论，并用一定的思维方法加以识别。

研究性学习，是一系列学习动作的综合。包括提出问题、确定课程并判断课题价值的能力；对课题或主题展开有效研究的能力；搜索和梳理资源的能力；总结概括结论的能力；写作及表达能力，等等。打个比方，这是一种沙里淘金的能力。

审辨式思维，则是一整套系列的思维方法，用古人的话来说，就是审问、慎思、明辨，用现代人的话来说，就是做出判断要有理有据、合乎逻辑，要善于提出问题，保持批判精神，要有自我反思的能力，即我们通常所谓的元认知。这种对观点、事实、论证本身以及自我进行不断的审察的过程，就是一种审辨式思维的过程。

而研究性学习与审辨式思维的能力，是不可能通过简单的学习相关知识来获得的，它主要是一种实践，一种长期的刻意练习形成的能力。尤其到了中学阶段，例如历史学习，就有利于研究性学习，政治学习，就有利于审辨式思维。而一般的问题解决，总是同时会用到研究性学习和审辨式思维。

举个例子，儿童一开始进入广谱阅读，可能读的是《吴姐姐讲历史故事》或者《明朝那些事儿》，这是当成故事或历史事件读的，知道了什么时候发生了什么事情。但一段时间后，儿童就不满足于知道这些，他们会发现，不同的讲述者，对同一段历史的讲述是有区别的，认识是有分歧的，那么，谁对谁错？这就需要做一番研究，并用一定的思维方法进行审辨，最终得出自己的结论。这一时期，已经是广谱阅读的高级阶段了。

四

不要把广谱阅读当成是全科阅读。

全科阅读是一个很不严谨甚至可以说很外行的概念。一定要明白，阅读并非万能，阅读只是诸多学习方式中比较重要的一种。不同学科的学习方式有较大差异，阅读在其中所起的作用各不相同，不可一概而论。

例如，语言类学科的学习，那当然要阅读，要有输入量。文综类学科和学习，也要有阅读，重点不是输入量，而是构成智力背景以及形成学习方法。那么，阅读对数学也是重要的吗？这就要商榷了。哪怕是科学领域，主要靠的仍然是实验，如果一味地依赖于阅读，等于让学生直接接受现成的结论，而丧失了科学探索的过程，这并不是明智之举。最滑稽的当然是艺体领域，一定要抓阅读，恐怕艺体特长生要恨你入骨了。毕竟，世界冠军，没读过多少书的人，也大有人在。

作为教师，我们 如何修炼自己的读写能力？

对于一个儿童来讲，基本的读写能力，指的是读写自动化。读写自动化，是现代社会里人人都应该具备的基本能力。那么，对一名教师来说，我们的读写能力，究竟意味着什么呢？

可以简单地概括为：

1. 能够熟练地掌握相关领域核心专业框架及概念；

2. 能够基本理解相关领域的专业书籍；

3. 能够自如地运用这些框架和概念描述和解释专业主题或问题。

一

非常地不幸，能做到这三点，在教育领域，基本上就处于专家级别了。因为在教育领域，无论从教师培训还是学校教育，专业化程度都处于非常低的水平。一个语文老师，未必能勾勒出学生语文能力的基本框架；一个数学老师，未必能清晰地解释数学概念的形成；一位英语老师，未必懂得母语与外语的区别；一位政治老师，未必了解政治学的概念框架；一位历史老师，未必懂得人类如何解释过去……

但是，作为一种追求，或者一种专业化的努力，我们可以说，专业阅读和专业写作的前提，是熟练地掌握相关领域的专业框架及概念。那么，对一个研究和推进儿童读写的老师来讲，所谓的专业框架及概念，会包括哪些内容呢？

关于儿童概念的文化常识；

关于儿童发展心理学（包含道德、认知、情绪、社会化等）的基本常识；

关于绘本、童书、诗歌的基本知识，以及对一定数量核心经典儿童读物的熟悉；

有关阅读的基本知识；

有关文本解读（尤其是神话和童话理论）的理论与实践；

有关写作与演讲的基本知识；

有关语文课程及语文学习的基本知识；

有关读写障碍的基本常识。

有些时候，我们终其一生，知识都是千疮百孔的，根本原因是没有自觉地建立自己的概念体系。那么，这个概念体系需要怎么建立呢？有两个基本的方法：

通过经典，奠定根基；

借助实践，绘点成图。

假如把读书比喻成打仗的话，前一条策略，是指优先占领核心城市，让占领中心城市和农村变得比较容易；后一条策略，是以农村包围城市，小成本长时间地将已经占领的中心城市连成一片，形成知识地图，也就是观念框架。

比如说，你要学习政治学，那么，关于"正义"的观念，就是"中心城市"；你要学习中国哲学，儒家与道家，就是"中心城市"；你要学习儒家思想，"仁""礼""中庸""义"等概念，就是"中心城市"。

举个例子，如果你要读懂童话（也包括神话），知道童话的内在意义与价值，并且也知道如何传递给儿童，那么，你就要读关于童话最重要的几部经典。例如《千面英雄》《童话的魅力》《女巫一定得死》等。这样，你就对神话和童话的内在机制有了基本的认识。这种认识，就是你以后阅读、解读、教学童话的观念基础。

同时，你还有另一条路，就是通过大量的阅读、解读、教学实践，来反过来构筑你关于童话和神话的经验。例如，你可能通过对《小红帽》的研究，或者相关的研究资料的阅读，通过一个样例，对童话有了深刻的认识。许多个样例之后，这些观念就牢牢地长在你的经验中，成为你解决相关问题的工具。

这个过程有时候是漫长的。所以，必须强化自己研究与审辨的能力，让研究与审辨成为处理读写问题的基本方法。

假如你对一个领域一无所知，你怎么训练自己，在 24 小时内，对这个领域有一个大致的了解甚至理解呢？研究与审辨，在这里就派上了用途。例如，你可以遵循下列方式：

搜索该领域内的权威综述（引用量、发表级别、作者背景，都能帮助你判断权威程度）；

根据权威综述，列出关键书籍和关键论文；

通过扫读关键书籍和关键论文，迅速提取该领域的观念框架和重要作者；

对这些关键概念和概念间的关系进行细致研究，读相关的通俗的介绍或说明。

我有时候解决问题更为简单，直接通过百度百科来学习。百度百科对于重要词条，经过了多人反复编辑，框架性比较好。

二

阅读难在哪里？

难在"我不知道"，导致了大量的时间乃至于终生停滞于浅阅读。这种情况的突破，需要机缘（例如遇到一本合适的书），或需要高手来指导。

写作难在哪里？

首先，难在让专业写作成为习惯；其次，难在以专业的方式审视写作。

让写作成为习惯，是修炼写作的必由之路。写作是一项技能，非得经历千百次的练习不可。甚至于，最好建立一个个人公众号，不为读者，为了将自己的想法加以整理，保持一定的节奏和数量，持续不断地写，源源不断地输出。

怎么让写作成为习惯？

重要的是写起来。人不是会写作了，才去养成写作的习惯，而是因为写起来了，养成写作习惯了，才会写作的。坚持每周写，甚至每天写，非常的有必要。

那么，写什么呢？每天哪有那么多东西可写？

尽量减少抒情性写作，避免所谓的"教育散文"。教育是专业，不是文学。你可以分享你的带班经验，但不要表达对学生的热爱。那么，有什么可写的？教室里发生的大大小小的故事，大都具有教育价值，可以记录下来；无论是学生管理还是课堂教学，总有太多的经验教训，可以持续反思；听到的、看到的、学到的，不断增长的间接经验，可以进行适度的整理。

真正要增加的，是专业写作，或者专业性随笔。但是，哪有那么多内容可写？根本的原因不是没内容可写，而是因为经常不写，不反思，所以对于教育教学产生了某种麻木迟钝，而写作恰好是改变这种状况的最好的方式之一。因此，要养成积累素材的习惯。例如：

1. 养成随时记录灵感与想法的习惯。

这个习惯非常重要。其实每天我们都会产生许多的灵感和想法，包括疑问，但是绝大多数一闪而过。如果这些被捕捉住了，就是写作不竭的源泉。最简单的办法，是记录在手机的便笺上，随时记录，可以语音输入，而且，私密性也很强。

2. 养成课后记录的习惯。

如果再努力一下，可以考虑每一节课后，迅速地记录下自己的思考。可以先用清单记录要点，回头再整理。如果每一节课都有一个记录的话，一段时间的回顾，就可以把课堂的一些问题找出来。有时候，也可以用听自己课堂回放的方式。

3. 重大事件或重要课堂，要做非常详细的记录。

班上凡发生有价值的事件，比如一次冲突及解决，要当成教育叙事的练笔材料。如果上了一节很有价值的课，也可以趁着还没遗忘，加班加点地做出课堂实录。

4. 可以考虑养成每周写家长信、每月做总结、每学期做叙事的习惯。

家长信很容易写。你可以为家长信建立一个结构：问候、回顾上周的闪光点或进步、提出下周的目标、列举周末任务以及家长应该支持的地方。在中间，可以插入感动你的细节，重点描述每周最值得描述的事件，诸如此类。

三

讲到这里，大家可能已经不耐烦了。

哪里有那么多时间？每天几节课下来，累成了狗，还有心情来写东西？我还要照顾自己家孩子，生活中不能只有工作。

当我们这样思考问题的时候，首先意味着我们的生活，是非常被动的。我们被各种事情推着向前走，或者说我们推着各种事件向前走，就像西西弗斯推动着石头，日复一日地上山。我们觉得，这是命运带给我们的，全然意识不到，自己可以是自由的，可以掌控自己的生活。

写作，就是加强掌控感的一种方式。

如果觉得写作是一种负担，领导又没有提这个要求，这纯粹是自己给自己强加的，那么，你可能就忘了一点：你所做的其他事情，往往都是被动强加给你的，而写作，很可能是你自己选择的。

无论你一天做多少工作，最终具有决定性的，是这一天所做的所有事情中，哪些事情是真正有价值的？很大的原因，我们逃避写作，并不是因为时间，而是因为恐惧。然而如果直面写作，我们就有可能一点一点地夺回生活的控制权。比如，通过写作而形成的反思，可能会让一天的工作安排越来越科学，越来越高效，越来越游刃有余。

写作赋予工作以深度。但是，怎么坚持？

可以给自己定规定，然后请人监督，并长期坚持。例如：

1. 每天发一条仅自己可见，或仅自己与监督者可见的微信，记录有价值的想法或任何与教育教学有关的事情，也可以记录当天的工作。

这是最简便的方法，如果总在固定的时间发送，就比较容易坚持。但是可以在任何时间写，然后不用点发送，自动保存。

2. 每周写一封家长信；每周写一篇或两篇公众号文章，要写比较完整的文章，可以从自己的灵感中，或者微信中找合适的素材，然后演绎成文；每个月至少写一篇教学叙事，对自己某一节课进行详细的描述。

3. 加入一个带有打卡性质的学习者组织，或者与几位同事／网友相约来写。

4. 向学生公开做出承诺，请求学生监督。

甚至可以专门研究，怎么把一件事坚持下来？这也是专业知识的·部分。这样坚持几年，不断地迭代，写作就成了习惯，用笔也会越来越流畅了。

一旦读写成了习惯，就成了工作利器，工作效率会提升，这是多么令人愉快的一件事。

后 记

这是一本计划之外的作品。

南明教育的前身，是成立于 2006 年的新教育研究中心，早期最核心的成员，是干国祥老师、马玲老师和我。干老师是团队的发动机，负责整个课程的设计，马玲老师负责儿童课程，我则负责教师专业发展。但是，工作的交叉是必然的。尤其是后来我有七年时间都在担任校长，必须设计学校的课程，以及推动教研和课程开发，对阅读课程的架构和实施，非常的熟悉。

我曾经把儿童阅读划分为三个时期。第一个时期，儿童阅读在学校里是不提倡的，热爱阅读的儿童，需要冒着一定的风险偷偷看书，一不小心，会被没收甚至撕毁。第二个时期，是阅读的活动化时期。全社会开始重视阅读，阅读也堂而皇之地进入了校园，甚至进入了课堂。但是，阅读与教材学习之间的冲突，至今并没有有效地解决。许多学校虽然言必称阅读课程，但阅读在实质上并没有真正地完成课程化，仍然处于活动化的阶段。因为阅读课程化的前提，是在更高的层面，例如语言学习的层面、生命主题思考的层面，整合教材学习与儿童阅读之间的逻辑关系，并将它们有机地编织起来，相互融合又相互独立，以不同的方式服务于儿童发展。这项工作，才是真正地将阅读课程化的努力，这也是南明教育"全人之美"课程孜孜以求的目标，并且，我们认为目前取得的成果，无论是理论解释还是实践效果，都是硕果累累的。一线在解决儿童读写方面的许多问题，在这里已经取得了突破性的进展，但是，一直没有进行系统的理论总结。

非常巧的是，南明教育与担当者行动结缘，我本人也出任担当者行动的总顾问，以及担当者行动橡果学院（阅读学院）的院长。担当者行动长期服务于乡村儿童阅读，规模大且成效显著，这种合作，将对双方都产生深远的影响。我们也有意推动乡村儿童阅读从早期的"读起来"，进入课程化时期，以极大地提升阅读的效益，造福乡村。

经过讨论，大家认为橡果学院的课程，要分成初阶、中阶和高阶，初阶课程是带有普及性质的，在儿童读写方面能让老师们有常识性的了解。于是，就有了《儿童读写课程三十讲》，是通过制作 30 次时长为 15 分钟左右的音频，来向乡村普及儿童读写的专业常识。这给了我一次很好的机会，让我能够完成这次学术成果的整理。并且，这次整理有这样几个特点：

1. 非常全面地概括了儿童读写方面涉及的主要问题。虽然是三十讲的方式，但并不散乱，整体上拥有了科学的结构。

2. 尽量做到了深入浅出，避免了过多的学术术语和烦琐论证，但是，仔细阅读，又是以多年深入的研究与实践做基础的。一线教师能够多懂，反复读或共读，又能推动专业发展。

3. 因为采用了三十讲的方式，又可以当成工具书，任何主题遇到问题，都可以查阅或反复阅读相关章节。

可以说，学术性与可读性兼具，理论性与实用性兼具，是这本书的突出特点。

虽然是一本小书，而且以个人之名，但是，却是团队近二十年艰苦研究和实践的结晶。儿童读写方面的主要洞见，均来自"全人之美"课程创造者干国祥老师卓越的思考，不能不加以声明。在干老师的带领下，团队无数次的共读与教研，早已经融为一个整体。"伯牙鼓琴，钟子期善听"，我更愿意把自己看成是这些思想的记录者和传播者，而不敢掠原创之名。但是，必然有所发挥，故凡书中可圈可点之处，不敢居功，各种瑕疵，责任却一定在我。

除团队外，应该感谢担当者行动，感谢老马，感谢杨美琴老师的协助与督促，感谢担当者的诸位伙伴，张春亮、覃树勇、黄民玲……原谅我不能一一列出你们的名字，但是，你们为乡村儿童阅读所做出的贡献，一直让我深受感动。也因为如此，因为共同的愿望，本书版税的 40%，捐赠给担当者行动，算是为乡村阅读贡献自己的绵薄之力。

最后，感谢我的责任编辑，长江文艺出版社的施柳柳老师，没有你，这本书也不可能如此顺利地出版。